Rudolf Padberg

Entkonfessionalisierung des Religionsunterrichts?

Rudolf Padberg

Entkonfessionalisierung des Religionsunterrichts?

Zur Frage des Religionsunterrichts an öffentlichen Schulen

1973

FERDINAND SCHÖNINGH · PADERBORN

Schriften zur Pädagogik und Katechetik
Band 23
Herausgegeben von
Theoderich Kampmann und Rudolf Padberg

Imprimatur: Paderbornae, d. 9. m. februarii 1973. Vic. Gen.: Dr. Droste

Satz und Druck: Westfalen-Druckerei Ed. Schöningh KG, Paderborn
Gesamtherstellung: Ferdinand Schöningh, Paderborn 1973

ISBN: 3 506 78173 1

In memoriam Franz Xaver Arnold (1898—1969)

VORWORT

Die Zahl religionspädagogischer Beiträge ist ständig im Wachsen. Die Fülle der Aufsätze, Tagungsberichte und Monographien ist auch für den Fachmann kaum mehr zu überschauen, geschweige denn zu bewältigen. Was soll da noch ein weiteres Büchlein zur theoretischen und praktischen Zielsetzung des Religionsunterrichts? Was soll eine Arbeit, die gegen eine Konzeption Bedenken anmeldet, die heute weithin Raum gewinnt und von vielen als befreiend betrachtet wird. Was soll eine Arbeit, die den „Konservativen" zu fortschrittlich und den Progressisten wiederum zu „konservativ" erscheinen wird. Ein Religionspädagoge, der große Bucherfolge aufzuweisen hatte und durch seine pointierte Position in aller Munde war, sagte einmal lächelnd zu einem Kollegen: „Ich bewundere Ihren Mut, Dinge zu sagen und zu publizieren, die gar nicht im ‚Trend' sind."

Beiträge zu aktuellen Fragen jedoch, die kritisch und behutsam die „Trends" prüfen und zu korrigieren suchen, dürften daher keineswegs überflüssig sein. Mancher Fragende und Verunsicherte erhält so vielleicht eine Hilfe sich zu orientieren und gewinnt Mut, an für ihn Unaufgebbarem weiterhin festzuhalten und doch neue Gesichtspunkte und Erfordernisse einzubauen. Als Beitrag zur Diskussion um Ziel und Ort des Religionsunterrichts aus katholischer Sicht ist diese Schrift gemeint. Sie schließt sich an frühere Veröffentlichungen an, führt sie jedoch weiter, korrigiert sie und ist ebenso wie jene aus Gesprächen mit Lehrenden und Diskussionen mit Lernenden entstanden.

Bochum, im Advent 1972

Rudolf Padberg

INHALT

EINLEITUNG

Eine umfassende Darstellung der unterschiedlichen evangelischen Konzeptionen zum Religionsunterricht hat jüngst auf die verschiedenen „Erwartungsschemata“ hingewiesen, wie sie seitens der Gesellschaftskritik, seitens der Schüler und seitens der heutigen Pädagogik in das Gespräch um Ort und Sinn des Religionsunterrichts eingebracht werden[1]. Diese bereits vom Ansatz her stark differierende Sicht macht die Verständigung unter den Gesprächspartnern so schwer, wenn von der Krise des Religionsunterrichts und ihrer Behebung die Rede ist. Denn, wer nur „Gesellschaft verändern“ will, — und zwar nicht irgendwie und irgendwohin, sondern haargenau in ein utopisches Zukunftsbild hinein, das von *Marx* und *Marcuse* seine Farben entlehnt hat —, kann nur dann Interesse an einem Religionsunterricht haben, wenn dieser sich „instrumentalisieren“ läßt für dieses Ziel. Wer dagegen seine eigenen Unsicherheiten und seine persönlichen Probleme gelöst sehen möchte, hat nur insoweit Interesse am Religionsunterricht, als er so etwas wie Lebenshilfe bietet oder den Sinn dieses rätselhaften Daseins aufzuhellen vermag. Und wem Schule — gegen Illich — nach wie vor das große Bildungsmittel und der Umschlagplatz aller kulturellen und geistigen Werte und Wirklichkeiten ist, der wird von seiner Schulkonzeption her selbstverständlich nur einen Religionsunterricht verstehen und dulden, der sich nahtlos in diese Schulkonzeption und seine Globalziele einfügt.

Kein gescheiter Religionslehrer, der seine konkrete Situation überschaut und die Fragen der Kollegen und besonders seiner Schüler täglich erfährt, kann auf die genannten Aspekte und Erwartungsschemata verzichten. Er muß sie immer wieder in seine Arbeit einbringen, gleichzeitig wird er aber auch den Eigenwert und den verbindlichen Anspruch der Realität ins Gespräch bringen, die alle schulischen Konzepte und menschlichen Bedürfnisse transzendiert. Denn

[1] *W. Sturm*, Religionsunterricht gestern — heute — morgen. Der Erziehungsauftrag der Kirche und der Religionsunterricht an öffentlichen Schulen. Stuttgart 1971.

„Religion" und Glaube lassen sich nicht in eine reine Dienstfunktion an anderen Sachbezügen ummodeln, so weltnah und weltbezogen sie auch immer interpretiert werden dürfen und müssen.

Auf die Frage, was denn Religionsunterricht eigentlich sei und was Religionspädagogik in der öffentlichen Schule wolle, versucht man heute auch im katholischen Umkreis „fundamentale" Antworten zu geben. Dabei stellt sich die Frage, ob es ein dem Konfessionellen vorgegebenes Religionsverständnis gibt. Die Abwendung von jener Sicht, die „Religion" und christlichen Glauben als diametrale Gegensätze betrachtete und Religion grundsätzlich als menschliches, unter der Sünde stehendes Phänomen, Glauben aber als Tat Gottes bewertete, führt bei manchen Autoren dahin, daß sie den Gegensatz und die ihm entsprechende Bewertung zwar ablehnen, „Glauben" aber immer noch in betonter Distanz zu „Religion" sehen bzw. Religion als das weitere und grundlegende Phänomen betrachten. Die Schau der katholischen Überlieferung, wie sie beispielsweise in der klassischen Fundamentaltheologie immer festgehalten wurde, daß christlicher Glaube das Religiöse integriert und religiöse Wirklichkeit und Wahrheit nicht negiert, sondern bejaht, scheint weithin vergessen zu sein.

Modische Entwürfe einer „neuen" Religionspädagogik, die darauf aus sind, einen nicht-konfessionellen Religionsunterricht zu begründen und zu rechtfertigen, versuchen einen Ansatz ins Spiel zu bringen, der „Religion" als das, was „alle angeht" versteht und das „Konfessionelle" als sekundäre Zutat beiseite schiebt. Hinzu kommt das große ökumenische Interesse unserer Zeit, das den Dialog mit den anderen Konfessionen erstrebt und mancherorts schon nach „ökumenischen Gemeinden" Ausschau halten läßt. Der ökumenische Enthusiasmus drängt mit Vorliebe nach einem ökumenischen oder „bikonfessionellen" *(Gerd Otto)* Religionsunterricht. Was liegt denn näher, daß man gerade in der Schule für alle auch einen Religionsunterricht für alle als das Gegebene und einzig Legitime sehen möchte.

Nicht alle wissen, daß zwischen Aufklärung und Romantik ähnliche Gedanken gängig waren. Die Aufklärungskatechetik hat weithin in ihren Unterrichtsentwürfen und Lehrplänen den Versuch gemacht, die damals gängige Naturreligion oder Vernunftreligion in einem ersten Lehrgang an die Kinder heranzutragen und erst später die sogenannten „positiven Religionen" im Unterricht zur Sprache zu bringen. Kein geringerer als *Johann Michael Sailer* hat zunächst in der ersten Auflage seiner Pastoraltheologie diese zu seiner Zeit weithin akzeptierte Struktur einer aufbauenden Religionspädagogik einfach stehen gelassen und, ohne an ihr Kritik zu üben, dargestellt. In der dritten Auflage seiner Pastoraltheologie aber distanziert er sich energisch von diesen Gedanken. „Es fehlt nicht an Katecheten, die, ihre schwere Gelehrsamkeit in den Kreis der Kinder hernieder wälzend, ihnen zuerst die Lehren der Natur- und Vernunftreligion, nachher die der christlichen, endlich die der eigentlich katholischen Religion erklären. — Ohne zu erinnern, daß alle Religion ihrem Inhalte nach übernatürlich und ihrer Form nach positiv sein muß; ohne zu erinnern, wie viele forschende Köpfe den Glauben an Gott und an das ewige Leben in der Natur, wie in der Spekulation verloren haben; ohne zu erinnern, wie das kindliche Gemüt Gott in der Geschichte seiner Offenbarungen am leichtesten finden und anbeten können, will ich bloß die eine Seite berühren: „Wenn Christus unser Heil und unser Alles ist; wenn er als Logos, ewige Vernunft selber ist, wenn er uns den Grundtext der Natur gedolmetscht, und was keine Natur mit ihren endlosen Gestaltungen, und kein menschliches Sinnen und Dichten mit seinen unzähligen Meinungen offenbaren konnte, offenbart hat; wenn seine Lehre in den Evangelien aufbewahrt, im Schoß der Kirche auf uns gebracht, im Mund der Prediger täglich wiederholt wird ... Warum wollen wir diese Lieblinge Christi nicht zuerst ihrem Freunde in die Arme führen? Warum wollen wir die ihren Gott nicht zuerst in Christus finden lassen?" ... „Der weise Katechet wird also nicht nötig finden, die Kinder zuerst aus dem löcherichtem Brunnen der Naturreligion Wasser trinken zu lassen, ehe er sie zur lebendigen Quelle führt"[2].

Was *Sailer* in seiner Sprache und Sicht für seine Zeit als Korrektur einer aufklärerischen Religionspädagogik anbrachte, scheint nicht ohne Bedeutung für unsere religionspädagogische Situation zu sein. Mancher scheint auch heute seine Probleme allzufrüh an junge Menschen heranzutragen, die diese Fragen noch gar nicht haben. Manche empfehlen bereits für die Grundschule eine Religionspädagogik, die einen weiten Bogen um das Bekenntnis des christlichen Glaubens macht oder nur in sehr umständlichen Wendungen und Umwegen sich dem christlichen Glauben zu nähern wagt. Dabei ist der Erfahrungsraum des heutigen jungen Menschen immer noch die Präsenz des Christlichen

---

[2] *J. M. Sailer,* Vorlesungen aus der Pastoraltheologie II, München 1820, S. 212 ff.

in seiner Umwelt. Hat man früher zu leichtfertig den aktualisierten Glauben vorausgesetzt, heute tut man gern so, als sei das Kind des ersten Schuljahres noch nie im Leben mit Christlichem in Berührung gekommen, als sei es nicht getauft und wüchse es irgendwo in einem Lande auf, wo man vom christlichen Glauben und Leben nichts weiß.

Man sagt gern, angesichts unserer säkularisierten Umwelt bleibe nichts anderes übrig, als Religionsunterricht und Katechese grundsätzlich zu trennen. Religionsunterricht könne nur noch informieren oder den Globalzielen der heutigen Schule entsprechend den jungen Menschen mit humanen oder gesellschaftlichen Fragen von religiöser Warte her konfrontieren oder seine Fragen zu klären versuchen. Für die Unterrichtung in der Glaubensbotschaft sei allein die kirchliche Katechese, nicht aber der Religionsunterricht in der öffentlichen Schule zuständig. Vorsichtigere Gesprächspartner meinen, man müsse mit dieser Konzeption ja zuerst einmal „Erfahrungen" sammeln. Die hier der Öffentlichkeit vorgelegten Gedanken wollen den Sinn und die Möglichkeit eines zum Bekenntnis hin geöffneten Religionsunterrichts begründen, dabei aber das ökumenische Anliegen nicht übersehen. Die eingangs erwähnte Studie aus evangelischer Feder formuliert aus ihrer Sicht das Gemeinte in folgender Weise: „Nur ein konfessioneller Religionsunterricht, der die überkonfessionellen und religionskundlichen Elemente in überzeugender Weise integriert, wird den Aufgaben der Schule und dem Auftrag der Kirche in gleicher Weise gerecht"[3].

[3] *W. Sturm,* Religionsunterricht gestern — heute — morgen, S. 247.

I. VOM SINN UND UNSINN DER „ENTKONFESSIONALISIERUNG"

Der Begriff „Konfession" ist ursprünglich mehr im evangelischen Raum beheimatet. Die Augsburger Konfession („Confessio Augustana") war, als „Summe des evangelischen Glaubens"[1] von *Melanchthon* verfaßt und von den evangelischen Fürsten unterschrieben, für Jahrhunderte *die* Bekenntnisschrift des Luthertums. Nicht die „Confutatio" der Katholiken, nicht die „Tetrapolitana", das Bekenntnis der Städte Straßburg, Konstanz, Memmingen und Lindau, und erst recht nicht die „ratio fidei" *Zwinglis* gaben das Stichwort für die Entfaltung und Polarisierung des kommenden „konfessionellen" Zeitalters ab, sondern eben die Augsburger Konfession. Katholischerseits bezeichnet man die „Symbola", die Bekenntnisformeln des Glaubens, gern als „professio fidei"[2], obwohl die Kirche in ihren Synoden und Konzilien die Verbalform des „confiteri" ständig benutzte: „qui non confitetur ...". Möglicherweise hat *Melanchthon* die in der alten Kirche geläufige negative Abgrenzung in seiner „Confessio" zu einer positiven Darlegung umprägen wollen. Der Begriff „Confessio" ist also durchaus traditionsconform.

Von der Bekenntnisschrift wuchs der Begriff in die ekklesiale und politische Dimension hinein und wurde Ausdruck bestimmter bekenntnisbewußter Lebens- und Glaubensformen in Kirche und Gesellschaft. Die „Lutheraner" und die „Reformierten" standen sich im Zeitalter der protestantischen Orthodoxie gerade in Deutschland als die beiden evangelischen Konfessionen gegenüber. Andere Gruppen oder Denominationen betonten nicht weniger stark ihren Bekenntnischarakter. Nach dem Zerfall der mittelalterlichen Universalität, die mit ihrem Spannungsbogen das imperium und sacerdotium umgriff, entwickelte sich weithin eine partikuläre und konfessionelle Gesellschaft, die

---

[1] *P. Joachimsen,* Die Reformation, München 1951, 200.

[2] Vgl. *Denziger-Schönmetzer,* Enchiridion Symbolorum, Definitionum et Declarationum de rebus fidei et morum, Freiburg ed. XXXII. 1963.

staatskirchlich orientiert war und vom Prinzip „cuius regio, eius religio" her intolerant angelegt erscheint.
Dem gegenüber hat die katholische Kirche auf der einen Seite sich nie als Konfession unter Konfessionen gefühlt, aber praktisch auf der anderen Seite eine gegenreformatorische Mentalität gepflegt, die fraglos eine Zurücknahme urkatholischer Weite bedeutete. Der Staat seinerseits betrachtete gerade in Deutschland „die Konfessionen" als Gegebenheiten, denen man Reverenz und Entgegenkommen zu zeigen hatte, von denen man aber auch entsprechende moralische und staatstragende Mitarbeit forderte. Der in der Aufklärungszeit geförderte Synergismus von „Thron" und „Altar", von Kirche und Staat (selbstverständlich im Sinne der staatlichen Raison) zerfiel einerseits im Kulturkampf, der ein kritisches Bewußtsein bei den Katholiken einbrachte, andererseits wurde er vom modernen Säkularismus überrollt, der einen Wandel der geistigen Haltung bewirkte. Die Neutralität des Staates und seine Verpflichtung zur Toleranz gegenüber allen religiösen Gruppen, auch gegenüber den Areligiösen, trat neu ins Bewußtsein, wurde aber durch überlieferte Formen der Amtshilfe und alte Verpflichtungen rechtlicher Art eingeschränkt, so daß in Deutschland keine volle Trennung von Kirche und Staat eintreten konnte. Diese „hinkende" Trennung zeigte sich besonders im Bildungswesen und in konkordatlich oder kirchenvertraglich abgesicherten Leistungen des Staates an die Kirchen. Der Ruf nach voller Trennung von Kirche und Staat, der bereits in der Weimarer Zeit erhoben wurde, drang unter dem Einfluß politischer Parteien nicht durch. Erstmalig brachte der Nationalsozialismus mit Nachdruck und Konsequenz ein „Entkonfessionalisierungsprogramm" zur Realisierung. Geschickt griff man gewisse Entartungserscheinungen des sogenannten „Konfessionalismus" und Konfessionshaders auf und mobilisierte bereits vorhandene Emotionen hiergegen. Der neue Staat sollte eine neue weltanschauliche Grundlage haben und wollte „unerwünschte Einflüsse" der „Konfessionen" schrittweise, aber Zug um Zug zurückdrängen. Sogar die religiöse Erziehung der Jugend sollte auf die Dauer „der Nation" und ihren Erziehern in die Hand gegeben werden[3].

[3] „Der Nation gehört die religiöse Erziehung ihrer Jugend auf eine Zeit, und ihre Erzieher müssen in der Lage sein, diese Erziehung zu geben. ... Hier ist der Punkt einer zentralen Steuerung. Wenn hier in anderer Richtung gesteuert wird, wird die übrige charakterliche Erziehung vergeblich sein." *H. Stellrecht,* Neue Erziehung, Berlin 1942, 108.

Die Ausschaltung des Nationalsozialismus brachte den Kirchen, die in der Zeit der Verfolgung ein neues positives Verhältnis zueinander gefunden hatten, eine ungeahnte Chance für ihre Arbeit. Bereitwillig setzte man sie in ihre alten Rechte wieder ein. Das Grundgesetz sicherte den Religionsunterricht in den öffentlichen Schulen ab. Im gesellschaftlichen Leben waren sie integriert und bis in die Rundfunkbeiräte und in die reformpolitischen „Hearings" vertreten. Kirchliches Bildungswesen wurde in bisher kaum gekanntem Maße staatlich gefördert. Kirchliche Akademien waren angesehene und stark besuchte Einrichtungen offenen Dialoges. Im Zuge dieser Offenheit begann man innerkirchlich bereits sehr bald mit einer kritischen Aufarbeitung des „Konfessionalismus". Das Stichwort von der „Schleifung der Bastionen" *(Urs von Balthasar)* schien ein ökumenisches Zeitalter einzuleiten. Aus der „Kontroverstheologie" wurde eine „Ökumenische Theologie"[4]. Das II. Vaticanum brachte die kirchliche Bestätigung für einen „katholischen Ökumenismus" und schuf ein eigenes römisches Sekretariat zur Förderung der Einheit der Christen[5]. Im groß angelegten „Handbuch der Pastoraltheologie" findet sich ein eigener Abschnitt über die „Pathologie des katholischen Christentums", wo charakteristische Fehlhaltungen und Fehlorientierungen innerhalb des tradierten Katholizismus der Gegenwart aufgezeigt werden und somit eine erstaunliche und bisher nicht bekannte Selbstkritik aus psychologischer Sicht geübt wird. Die Wortneuprägung „katholizistisch" versucht die negativen Phänomene im Katholischen in ähnlicher Weise zu umschreiben, so wie man „konfessionalistisch" als Entartung des Konfessionellen gelegentlich nominiert.

Doppeldeutig erscheint das Stichwort „Konfessionalität", das von den einen schlicht im Sinne von „Konfession" bzw. dem diesem zugrundeliegenden Prinzip verstanden, von anderen aber als positiver Inbegriff neuer Freiheit gegenüber der Welt und ihrer berechtigten Eigenständigkeit begriffen wird[6].

---

[4] Charakteristisch ist für diese Umstellung sicher der neue Untertitel der „Catholica", die sich bis zum 22. Jahrgang incl. als „Vierteljahresschrift für Kontroverstheologie", von da ab sich als „Vierteljahrsschrift für ökumenische Theologie" bezeichnet.

[5] Am 5. Juni 1960 erschien das Motu proprio „Superno Dei nutu" *Johannes XXIII.*, das dieses Sekretariat ins Leben rief.

[6] Vgl. den unterschiedlichen Gebrauch in den Arbeiten: O. *Hammelsbeck*, Konfessionalität in Erziehung und Schule, in: Glaube, Welt, Erziehung, Mül-

Unüberhörbar ist der in der Öffentlichkeit und speziell in den Massenmedien vorfindliche Grundton der Abwertung gegenüber allem Konfessionellen und die starke polemische Färbung des Begriffs „Konfessionalismus", der weithin über die wirklich vorhandenen Schattenseiten und Engführungen hinaus „Konfession" als Negativwert darstellt und auch heute in der „Entkonfessionalisierung" des Denkens und Lebens eine bedeutungsvolle „emanzipatorische Aufgabe" zu erblicken meint. Christlicher Glaube und christliches Leben können grundsätzlich nicht von „Bekenntnis" getrennt werden. Glaube ist, biblisch betrachtet, immer Glaube „an", hat Inhalte, zu denen er sich bekennt, ist fides, quae creditur. So sehr man mit guten Gründen auch die Pluriformität urchristlicher und biblischer Glaubensaussagen und Theologien betonen mag, das Gemeinsame all dieser Aussagen und Reflexionen ist unübersehbar. Zudem sind die je nach der pastoralen und geistigen Situation geprägten Aussagen durchweg affirmativ und nicht exclusiv zu verstehen. Die Aussage der johanneischen Theologie, Jesus sei „der Sohn Gottes, der in diese Welt gekommen ist" hebt nicht die synoptische Rede vom „Menschensohn, der auf den Wolken des Himmels kommen wird" radikal auf. Die Endgültigkeit und Unüberbietbarkeit der Offenbarung in Jesus dem Christus ist fraglos Gemeingut aller biblischen Schriften und urchristlichen Symbola. Für einen dogmatischen Synkretismus ist hier kein Raum.

Dieser Glaube und die von ihm geprägte Existenz und Gemeinschaftswirklichkeit kirchlichen Lebens aber realisiert sich immer neu in der Geschichte. Er gewinnt damit das, was man heute gern Konfessionalität im Sinne „umfassender Verstehensganzheiten und geistiger Lebensräume" nennt[7]. Der Verzicht hierauf oder auch nur die Zurückdrängung dieser Erfahrungsbereiche wäre eine bedenkliche Sache. Hier liegen Gefahren einer blutleeren und verarmten Christlichkeit, die im Versuch, das Gemeinchristliche zu finden, die vitalen Wurzelkräfte und Erfahrungen vergißt und verliert.

Mit vollem Recht haben sich die christlichen Konfessionen in der Ära des Nationalsozialismus gegen die Diffamierung des Konfes-

---

heim 1954; und bei *E. Bloch, Th. Ellwein, Fr. Hahn* u. a., Bildung und Konfessionalität, Frankfurt, Berlin, Bonn 1967.

[7] So *G. Ebeling* in den Bensheimer Heften 33 (1967) 11, zitiert nach *P. Lengsfeld*, Konfession und Wahrheit, in: Martyria, Leiturgia, Diakonia (Festschrift für Bischof *Volk*), Mainz 1968, 202.

sionellen gewehrt und in ihr eine Lebensbedrohung letzten Ausmaßes gesehen[8]. Der Verdacht ist begründet, daß maßgebliche politische Kräfte heute in ähnlicher Weise ihre kulturellen und ethischen Ideen erst mittels der Lösung weiter Schichten von der konfessionellen Prägung des Lebens durchzusetzen erhoffen. Dennoch müssen wir heute in der „Entkonfessionalisierung" auch ein echtes und begründetes Anliegen kirchlicher Reform erkennen. Denn eine kritische Bestandsaufnahme konfessioneller Prägung zeigt unschwer Verhärtungen, Verengungen und Fehlhaltungen, die im Blick auf die ecclesia semper reformanda aufgearbeitet werden müssen. Verhärtungen müssen jene Strukturen und Haltungen genannt werden, die die notwendige pastorale Adaptionsbereitschaft an die neue seelsorgliche und geistige Situation verhindern oder erschweren. So wahr es ist, daß die Kirche die eine und immer aktuelle Botschaft Jesu zu künden hat, genau so wichtig und beachtenswert ist deren Zurüstung und sprachliche Ausprägung für den jeweiligen Kairos. Denn Offenheit und Empfänglichkeit der Menschen, Ansatz und Interessenlage, geistige und emotionale Voraussetzungen der jeweiligen Epoche wandeln sich. Dieser Wandel kann langsam und fast unmerkbar vor sich gehen, er kann aber auch in stürmischen Zeiten des Übergangs rasante Formen annehmen. Man kann das um des kulturellen Erbes willen, das hier in Vergessenheit zu geraten droht, lebhaft bedauern, ändern kann man diesen Vorgang nicht. Im Gegenteil, die Kirche muß ihrem Auftrag gemäß wach und wendig die neuen Aspekte erspähen, die nunmehr dem Evangelium ein Tor öffnen könnten.

So bedeutsam es ist, daß die Kirche das „depositum fidei"[9] getreu zu bewahren hat, ebenso entscheidend ist, daß die Botschaft — ohne Abstriche ihres Gehaltes und Anspruches — einer neuen Generation von Fragenden und Suchenden neu gesagt werden muß. Denn Predigt, Katechese, Unterweisung und Theologie waren und sind immer, was ihren Ansatz, ihre sprachliche und gedankliche Zurüstung angeht,

[8] Der evangelische Landesbischof *Th. Wurm* urteilte 1936 mit Recht: „Denn auch der Blinde muß es ja merken: Unter der Parole Konfession oder vielmehr unter der Parole der Überwindung der Konfessionen, der Entkonfessionalisierung des ganzen Lebens, insbesondere der Erziehung, ist das Dasein des Christentums und der Kirche im ganzen in Frage gestellt." (Der Gott der Wahrheit. Das Wort der Kirche bezeugt auf der Deutschen Evangelischen Woche, Stuttgart 1936, Berlin 1936, 315).

[9] Es ist ein Mißverständnis, dieses depositum rein statisch als fertig formulierte Aussage zu interpretieren.

von der Mentalität und den Interessen der betreffenden Zeit, in der sie geformt werden, wesentlich mitbestimmt. Das, was heute aber aktuell und fruchtbar ist, ist vielleicht morgen uninteressant und hinderlich, weil der „Herzensaffekt" der Zeit und ihr Grundinteresse sich verändert haben. Damit ist Konfessionalität nicht eine ganz bestimmte, ein für alle Mal vorgegebene Prägung und Erlebnisform, sondern eine sich lebendig weiterentwickelnde Erfahrungs- und Erlebniswirklichkeit mit veränderlichen Aspekten und Umprägungen.

Konfession und Konfessionalität aber müssen heute im Blick auf das vergangene Zeitalter des „Konfessionalismus"[10] in gewisser Hinsicht revidiert werden. Das gilt besonders von den gesellschaftlichen Implikationen des konfessionellen Gepräges, wie sie in der jüngst vergangenen Epoche fraglos bestimmend waren. Da ist die Problematik der Anlehnung an den Staat und die Gesellschaft, die für Kirche und Christenheit im Blick auf die großen Auseinandersetzungen der Geschichte keineswegs selbstverständlich sein sollte. Das Neue Testament kennt eine derartige Anlehnung keineswegs und die Kirche der Märtyrer war meilenweit von so etwas entfernt. Auch die inneren Reformansätze der Kirche im Mittelalter, wie Cluny und die Reformgedanken eines *Franz von Assisi,* implizierten eine neue Distanz zu Staat und Gesellschaft. Die großen Wellen monastischer und spiritueller Bewegung in der Kirche bedeuteten immer eine den Zeitfragen und Zeitnöten entsprechende Distanz zur Gesellschaft und deren Integration in Kirche und Christenheit[11].

Insoweit das Zeitalter des konfessionellen Absolutismus mit seinen eigenartigen Verflechtungen von staatlichen und kirchlichen Interessen bis heute nachwirkt, kann im Blick auf die gesellschaftliche Integration der Kirche heute mit Fug und Recht von einer „Entkonfessionalisierung" gesprochen werden, die eine freie und kritische Praxis der Kirche neu ermöglichen sollte.

Da ist aber auch die Problematik der nachtridentinischen Theologie und Pastoral, deren Sonderprägung und Einseitigkeit vor Jahren von *F. X. Arnold* umfassend aufgezeigt wurde. Kirchenverständnis, Verkündigung, Gottesdienst und Glaubensunterweisung waren betont

---

[10] Der Begriff wird hier im Sinne von *Karl Eder* verstanden. Vgl. dessen Ausführungen in Bd. III, 2 der Kirchengeschichte, Freiburg 1949.

[11] Ein interessanter Versuch zu diesem Thema ist die jüngst in neuer Aufl. erschienene Arbeit von *W. Dirks,* Die Antwort der Mönche, Frankfurt a. M. ^{3}1971.

institutionell und nicht primär spirituell, waren apologetisch-rational (zumal im Gefolge der beginnenden und sich ausbreitenden Aufklärung) und weniger heilsgeschichtlich, waren bevorzugt individualistisch und zu wenig gemeinschaftskritisch angelegt. Die Extrempositionen unserer Tage sind weithin nichts anderes als Pendelschläge ins andere Extrem[12].

Entkonfessionalisierung muß und darf also heute heißen, daß diese Engführungen einer bestimmten Epoche in Theologie und Frömmigkeit in eine neue katholische und ökumenische Weite hinein geöffnet werden sollten. Entkonfessionalisierung heißt damit soviel wie zeitnotwendige Rückkehr zum Katholischen und Durchführung des Ökumenismus im Sinne des II. Vaticanums in Theologie und Spiritualität. Mit den genannten Verhärtungen und Verengungen korrespondieren jene Fehlhaltungen, die man heute klarer sieht und ehrlicher anerkennt, als man bislang zugeben wollte. Weithin fehlte jene Ausgewogenheit von Einordnung und Selbständigkeit, von Initiative und Kreativität auf der einen und Solidarität mit der Kirche und ihrer Botschaft auf der anderen Seite. Ein milieugerechtes „Privatevangelium", maßgeschneiderte Christlichkeit für den eigenen Bedarf, sind sicher vielfach vorhandene „katholizistische" Fehlhaltungen, die *A. Görres* als „Pathologie des katholischen Christentums" zusammengefaßt hat[13].

---

[12] *F. X. Arnold,* Pastoraltheologische Durchblicke, Freiburg ²1965.

[13] Ein vor kurzem verstorbener Akademiker meinte in einem persönlichen Gespräch, er sei von seiner Familie her ganz und gar im Barockkatholizismus daheim und werde immer katholisch denken und glauben. „Aber weißt Du", sagte er mir schmunzelnd und auf Schwäbisch, „was die Praxis angeht, da bin i halt so ebbes legère"! — Fraglich erscheint mir an den weithin zutreffenden Ausführungen von *A. Görres,* ob man das Familienmilieu so generell abwerten kann und darf und ihm gegenüber so kurzschlüssig auf den Rang einer vom „theologisch gebildeten Priester" geführten Unterweisung verweisen kann, wie es im Handbuch der Pastoraltheologie II, 1 Freiburg 1966, 292 f., geschieht. Es gab und gibt auch in unseren Familien sehr beachtliche und spirituell hochwertige religiöse Kräfte, die mit „subkutanen Häresien" im Sinne *Karl Rahners* gar nichts gemein haben, die aber wertvolle Impulse für eine lebens- und zukunftsgestaltende Christlichkeit weitergeben. Im Stillen und Verborgenen lebt noch eine Spiritualität, die von den Männern um Sailer bis zur katholischen Jugendbewegung und zu zahllosen anderen Aufbrüchen christlicher Daseinsgestaltung her ihre Anregung gewonnen haben, ohne daß hier immer literarische Abhängigkeit nachweisbar sein braucht.

Die mit dem Gesagten notwendige Rückkehr zum Katholischen und Neuausrichtung in ökumenische Weite und Tiefe aber darf nicht verwechselt werden mit einer Repristination früherer Zeiten. Wir können weder zur Urkirche zurückkehren noch zur naiven Frömmigkeit mittelalterlicher Reformer oder zum Pathos barocker Diesseitsfreude und Jenseitsverklärung. All das wäre Romantik. Umgekehrt wäre Angst vor der Zukunft so ungefähr das Unfruchtbarste, was den Christen widerfahren könnte. Mit Recht hat *Romano Guardini* in einer seiner kleinen gehaltvollen Arbeiten als notwendige und allein fruchtbare Haltung der Christen für die Zukunft das Vertrauen und die Tapferkeit gegenüber dem sehr selbstbewußt werdenen Heidentum einer apersonalen Zeit ausgewiesen[14].

---

[14] Vgl. *R. Guardini,* Das Ende der Neuzeit, Würzburg ³1951.

II. ENTKONFESSIONALISIERUNG DER ÖFFENTLICHEN SCHULE

Das Zeitalter des konfessionellen Absolutismus hatte in Schule und Hochschule die Grundorientierung des jeweils herrschenden Bekenntnisses vorausgesetzt und als gesellschaftstragende Basis akzeptiert. In den katholischen Ländern waren es die Orden, die diese Orientierung garantierten. Benediktiner und Dominikaner trugen Gymnasien; vor allem waren es die Jesuiten, die in Hochschulen und Gymnasien die männliche Jugend zu erziehen und zu bilden versuchten. Weibliche Orden wie die „Englischen Fräulein", die Ursulinen, die Schulschwestern, bemühten sich um die Frauenjugend. In den protestantischen Landen dominierten im Schulwesen ebenfalls Theologen. Hüben wie drüben orientierte man sich auch bei den Reformversuchen der beginnenden und weiter wachsenden Aufklärung immer noch primär konfessionell. Die Heckersche Realschule in Berlin, die Franckeschen Stiftungen in Halle sind ohne den Einfluß der pietistischen Erneuerung nicht denkbar. In Sagan wirkten Männer wie *Felbiger* und *Strauch* im Sinne eines bis nach Österreich ausgreifenden „modernen" methodischen Reformprogrammes[1]. Die neuen Landesuniversitäten sind konfessionell organisiert, die alten — wie Tübingen — gehen einlinig vom klerikal-katholischen Bildungsmonopol zu einer orthodox-protestantischen und dann aufgeklärten Konfessionalität über. Ein letzter Überrest der Zuständigkeit geistlicher Führung in Schulfragen war die Einrichtung der Orts-Schulinspektion durch die Pfarrer bis in die Weimarer Zeit!

Das neue Standesbewußtsein der Lehrerschaft der Volksschule lehnte leidenschaftlich diese unglückliche und zu vielen Spannungen führende Inspektion durch fachlich nicht genügend qualifizierte Geistliche, denen

[1] Für Deutschland ist charakteristisch, daß „Aufklärung" keineswegs antichristlich oder antikirchlich agiert (Voltaire: écrasez l'infâme). Auch die radikalen Katechismusentwürfe sind unpolemisch. Vgl. *J. Schmitt,* Der Kampf um den Katechismus in der Aufklärungsperiode Deutschlands. München 1935.

der Lehrer schon mit seiner damaligen Seminarausbildung methodisch überlegen war, ab. Die Emanzipation der Lehrerschaft und damit der Schule von diesen Relikten des kirchlichen Bildungsmonopols war unausweichlich. Was der laizistische Staat in Westeuropa im öffentlichen Schulwesen längst praktizierte, wurde aus Gründen staatspolitischer Klugheit und unter dem Einfluß eines konfessionellen Proporzdenkens in Deutschland abgelehnt. Die Schule blieb — mit Ausnahme der in der Weimarer Verfassung ermöglichten „freien Schule" — im Volksschulbereich Konfessionsschule. Die Gymnasien setzten weithin ihre katholische oder protestantische Tradition fort, obwohl der Neuhumanismus einen anderen Geist und die Schulverwaltung ein anderes Regiment praktizierten[2]. Bis in die Zeit des Nationalsozialismus gab es in mehrheitlich katholischen Kreisen noch geistliche Kreisschulräte im Volksschulbereich. Geistliche Oberstudiendirektoren leiteten vor und nach der NS-Zeit bekannte von der katholischen Überlieferung geprägte Gymnasien[3]. Der NS-Staat wollte Schule, Bildung und Erziehung auf seine weltanschaulichen Ziele hin ausrichten. Schrittweise sollte die bekenntnismäßig geprägte Schule und der Einfluß christlich

---

[2] In einer Elternversammlung bei einem südwestfälischen Städtischen Gymnasium führten noch 1920 Eltern Klage, daß dieser ehemals evangelischen höheren Bürgerschule so häufig katholische Assessoren von der Provinzialschulverwaltung zugewiesen würden! Umgekehrt war eine ehemalige katholische Rektoratsschule vom preußischen Staat übernommen worden, hatte aber die katholische Prägung völlig behalten. Die Tradition war stärker als der vom Staat damals bereits wahrgenommene „Pluralismus". Unbestritten war der konfessionell getrennte und vom jeweiligen Glaubensbekenntnis geprägte Religionsunterricht, der von geistlichen Studienräten an der ehemals katholischen Anstalt und von einem nebenamtlich beauftragten Vikar an der anderen Schule auf katholischer Seite und von Studienräten mit der facultas docendi für Religion auf evangelischer Seite wahrgenommen wurde. Erst der Nationalsozialismus machte dieser tradierten „Konfessionalität" ein Ende, indem er den altsprachlichen Zweig der städtischen Anstalt verselbständigte und in den Neubau der einen Schule einwies, die beiden neusprachlichen Schulen mit unterschiedlicher Tradition aber vereinte.

[3] Interessant ist das Urteil eines Gymnasiasten, wonach ein Schüler, der in seinen deutschen Aufsätzen oder im Unterricht nonconformistische Urteile abgeben wollte, schwerlich das Abitur erhalten werde. Diese sicher rein subjektive Unterstellung eines kritischen Oberprimaners aus einer ostvertriebenen Lehrerfamilie bezeugt auf charakteristische Weise, wie schnell junge Menschen den Verdacht fehlender Objektivität demjenigen gegenüber haben, der etwa als Priester in einer pluralistischen Welt Verantwortung für Menschen unterschiedlicher Geisteshaltung trägt.

denkender Erzieher abgebaut und beseitigt werden. Der trotz äußerer Loyalitätsbezeugungen spürbare innere Widerstand weitgehender Kreise der Lehrerschaft führte bis zu den bekannten Äußerungen *Hitlers*, er werde nach dem Kriege die Volksschulbildung entsprechend zu schulenden linientreuen SA-Männern übertragen. Das, was der gemeine Mann zu wissen und zu lernen habe, könnten diese der Jugend auch beibringen. Der Versuch des Nationalsozialismus, aus der Schule eine von der Weltanschauung des Rassismus geformte, streng normativ ausgerichtete Typen-Bildungsstätte zu machen[4], endete mit dem politischen und militärischen Zusammenbruch dieses unmenschlichen Systems. Fraglos trägt jener Versuch, einer „Typenzucht“ und „Typenprägung“, mag er bei Leuten wie *Ernst Krieck* noch ein gewisses Niveau gehabt haben, in der vulgären Denkweise und Sprache der kleineren Geister in unbegreiflicher Weise die Züge primitiver Simplifikation und handfester Propaganda[5]. Die Emotionalität und der Voluntarismus dieser Bildungs„theorie“ und der ihr entsprechenden schulischen und erzieherischen Praxis führte in eine Ungeistigkeit hinein, endete in einem Schlagwortdenken, das seine Brutalität und Hemdsärmeligkeit ideologisch mit heidnischen und heroischen Phrasen zu verdecken suchte. Der Niederländer *Johan Huizinga* traf in seiner 1935 veröffentlichten Analyse bereits den Kern: „Der Primat des Lebens vor dem Verstehen zwingt mit den Normen des Begriffs auch diejenigen der Moral preiszugeben. Predigt die Autorität Gewalttat, dann gehört das Wort den Gewalttätigen ... Als ausführende der heroischen Aufgabe werden nur allzu gerne die Elemente herbeiströmen, die in der Gewalt die Befriedigung ihrer animalischen oder

---

[4] *F. Stippel* hat in seiner Arbeit, Die Zerstörung der Person, Kritische Studie zur nationalsozialistischen Pädagogik, Donauwörth o. J., eine erste Aufarbeitung der wichtigsten Quellenschriften zur NS-Pädagogik geleistet. Die konkrete Praxis müßte anhand der Jahrgänge des „Schulungsbriefes“, der Zeitschrift „Der deutsche Erzieher“ und der Regionalblätter im Stile von „Der Westfälische Erzieher“ noch aufgehellt werden.

[5] Ein Lehrer las mir schmunzelnd in jenen Tagen die Ergüsse eines führenden Mannes vor, die in der These gipfelten, das man endlich einsehen müsse, daß die Mitte des Menschen nicht der Kopf, sondern die Gegend des Bauchnabels seien. Auf meine Meinung zu dieser „Anthropologie“ hin befragt, meinte ich nur kurz, es stimme, man könne den Menschen auf den Kopf stellen, man könne ihn aber auch auf den Bauch legen; im übrigen möchte ich auf den Ausspruch von *Theodor Haecker* verweisen, wonach diese Zeit meine, von dem zuviel zu haben, wovon sie zuwenig habe, nämlich Verstand.

pathologischen Instinkte finden. Eine starke militärische Autorität wird sie vielleicht in gewissen Schranken halten können. Im Fanatismus einer Volksbewegung werden sie die Henkersknechte des Mordes sein"[6].

Im Zuge der restaurativen Umerziehung und der Umgestaltung des Bildungswesens nach 1945 gewannen die Kirchen als teilweise vom NS-System befeindete und ihm nicht verfallene Mächte ihren alten Einfluß zurück. Institutionell wird fast alles abgesichert, was vorher ihrem Einfluß bereits offengestanden hatte. Unter den gesellschaftstragenden Gruppen waren die Kirchen neben den Parteien, den Gewerkschaften etc. mit die einflußreichsten. Geschickt verstand man es in der Art einer Lobby und darüber hinaus durch persönliche Beziehungen bei Verwaltung und Abgeordneten, bei Ministern und einflußreichen Persönlichkeiten die kirchlichen Interessen wahrzunehmen. Hiergegen erhoben sich mehr und mehr Stimmen in der Öffentlichkeit, die auf die Diskrepanz zwischen der wirklich vorhandenen Gläubigkeit und dem wachsenden Einfluß der Konfessionen hinwiesen und im Namen der Dissidenten und der Masse der bloß Kirchensteuer zahlenden Namenschristen eine größere Zurückhaltung des Staates gegenüber den Konfessionen forderten. Gerade im Bildungswesen, in Schule und Erwachsenenbildung sollte der Staat die ungerechtfertigten überkommenen Privilegien der Konfessionen abbauen und sich jener Reserve befleißigen, die der säkularisierte Staat auch anderwärts praktiziere[7].

Fraglos haben die Massenmedien (Presse, Rundfunk, Fernsehen) diese Stimmen und die ihnen entsprechende Mentalität als interessante und besonders kritische Bewußtseinsäußerung bereitwillig zu Wort kommen lassen. Verbunden mit der Rückbesinnung auf *Feuerbach, Marx, Freud* und ihre Beiträge zur Religionskritik haben im Neomarxismus und Neoliberalismus diese Gedanken Fuß gefaßt und insgesamt eine stark antikonfessionelle Stimmung geschaffen, die ihrerseits gierig nach „reaktionären" und die subjektive Freiheit „bedrohenden" Lehren und Äußerungen der Konfessionen (Mischehefrage, Stellung der Kirchen zur Familienplanung, zur Reform der Sexualmoral und der da-

---

[6] Vgl. *J. Huizinga,* Im Schatten von morgen. Eine Diagnose des kulturellen Leidens unserer Zeit, Deutsch von *Werner Kaegi,* Bern-Leipzig, 2. Aufl. 1936, 138 f.

[7] Vgl. die im Literaturverzeichnis aufgeführten Arbeiten von *Ellwein, Szcesny.*

mit zusammenhängenden Gesetzgebung etc.) griffen und sich in ihrem Urteil bestätigt sahen. Den Konfessionen nunmehr möglichst ihren Einfluß im Bildungs- und Schulwesen zu nehmen, galt als selbstverständliche Konsequenz einer progressiven und emanzipatorischen Kulturpolitik. Die Öffentlichkeit hat in immer stärkerem Maße das Thema Entkonfessionalisierung im Sinne einer totalen Lösung der überkommenen Bindung an die angeblich konservativen und restaurativen Gedanken, Dogmen und sittlichen Auffassungen der Kirchen verstanden. Damit erscheint es fraglich, ob die im ersten Kapitel vorgeschlagene Definition von Entkonfessionalisierung als Rückkehr zur urkatholischen Weite und Abkehr von jenen Engführungen des vergangenen Zeitalters nachreformatorischer und gegenreformatorischer Polemik, die bis ins gesellschaftliche Leben prägend sich auswirkten, durchgehalten und zu einer neuen Praxis geführt werden kann. Gleichwohl sollte man nicht rein negativ und emotional auf das Stichwort Entkonfessionalisierung reagieren, sondern hinter der Forderung ein berechtigtes und positiv zu beantwortendes Grundanliegen sehen.

Entkonfessionalisierung des öffentlichen Bildungs- und Schulwesens kann in konkreto eine Ausschaltung des Christlichen bedeuten, die Kirchen und gläubige Lebenskräfte aus der Gesellschaft in ein Winkeldasein verbannt sehen möchte. Die Forderung nach Zurückdrängung des Bekenntnisses in den Raum des Privaten — mag sie auch als geschichtskonform mit dem Prozeß der Säkularisierung hingestellt oder gar im Sinne *Gogartens* als Konsequenz des christlichen Glaubens und seiner Entzauberung einer mit dem Göttlichen durchtränkten heidnischen Welt aufgefaßt werden — diese Forderung nach einer totalen Emanzipation der Öffentlichkeit von christlichen Wertvorstellungen und ethischen Auffassungen muß entschieden abgelehnt werden. Innerhalb einer freiheitlichen Demokratie hat auch das christliche Denken und das christliche Bekenntnis ein Recht darauf, seine Präsenz und Geschichtsmächtigkeit neu unter Beweis zu stellen.

Daraus folgt, daß neben einer „Schule für alle“ auch Raum und Chance bestehen muß für Schulen in freier Trägerschaft. Fair wäre es auch, wenn Staat und Gesellschaft auch innerhalb des öffentlichen Schulwesens den Eltern das Recht zugestehen würden, innerhalb der für alle geltenden Normen die Wahl zwischen bestimmten Schulformen mit weltanschaulich und religiös bestimmten Erziehungsformen zu treffen.

Bedenklich scheint es zu sein, Schule und Bildung exclusiv rational und informativ orientiert sein zu lassen. Die Ausschaltung und Hintansetzung der affektiven und praktischen Lernziele würde zu einer Sinnentleerung des erzieherischen Auftrages führen. Das viel zitierte „Ende der Erziehung“ *(Klaus Schaller)* muß kritisch bedacht werden. Der bei jungen Menschen weit verbreitete Verdacht, Erziehung sei Manipulation, muß durch eine überzeugende Analyse des rechten Erziehungsverständnisses heute erst ausgeräumt werden. Der Rückzug der sogenannten wissenschaftlichen Pädagogik aus der Praxis in eine wertfreie Welt ohne Bezug auf eine „recte agere et vivere“[8] kann in einer Zeit der Überschätzung wissenschaftlicher Methodik verhängnisvolle Folgen haben. Pädagogik ist nicht „reine“ Wissenschaft wie Mathematik und Logistik, sondern praxisbezogene Wissenschaft, die ihr Selbstverständnis als praxisbezogene und praxisverpflichtete Theorie heute neu zu gewinnen und begründen muß. Daß bekenntnisoffene und bekenntnisnahe Erziehungslehren in der allgemeinen Orientierungslosigkeit Orientierungs- und Lebenshilfen geben können, zeigt die Erfahrung[9].

Wo im Zuge der Entkonfessionalisierung der öffentlichen Schule diese Möglichkeit, katholische Erziehungslehre zu praktizieren, schwindet, muß diese Möglichkeit in exemplarischen Schulversuchen außerhalb des öffentlichen Schulwesens geübt und sichtbar gemacht werden. In gleicher Weise haben Familie, Gemeinde und freie Gruppe hier ihre neu zu aktualisierende Aufgabe zu erkennen und durchzuführen.

Es muß jedoch klar gesehen werden, daß es *die* allgemein gültige katholische Erziehungslehre gar nicht gibt; sie muß für die jeweilige Stunde und ihre konkrete Situation neu entworfen und ins Leben gerufen werden. Die heute weit verbreitete Unsicherheit der christlichen Erzieher rührt zum Teil daher, daß sie das Ungenügen der

---

[8] Vgl. *R. Lochner,* Deutsche Erziehungswissenschaft, Prinzipiengeschichte und Grundlegung, Meisenheim 1963, der konsequent von seiner Grundlegung (12 ff.) her die Wertfreiheit als Grundprinzip der Erziehungswissenschaft proklamiert (90, 432 ff.). Gegen ihn und andere Neopositivisten: *Cl. Menze,* Erziehungswissenschaft und Erziehungslehre, in: *F. J. Holtkemper* (Hrsg.), Festgabe *Döpp-Vorwald,* Pädagogische Blätter, Ratingen 1967, 303—332.

[9] Solche Erfahrungsbeispiele sind nachweisbar bei der CAJ, bei den Focolarini, in der Ausstrahlungskraft von Taizé, in der Schönstattbewegung und anderswo. Zum Begriff „Erziehungslehre“ vgl. auch die Beiträge von *G. Bohne* und mir im Handbuch Pädagogischer Grundbegriffe, Hrsg. *J. Speck* u. *G. Wehle,* München I 1970, 425—455.

bisherigen Entwürfe und Praktiken erfahren haben, aber einen überzeugenden Entwurf für die heutige Zeit noch nicht klar genug vor Augen haben oder zu praktizieren vermögen.

Die entkonfessionalisierte öffentliche Schule spiegelt die geistige und religiöse Situation unserer Zeit ebenso exakt wieder, wie es die Doppelform der katholischen und evangelischen Staatsschule in jener Zeit tat, da man in Preußen und anderswo eine „anständige Konfession" zu haben hatte. Das, was sich aber in dieser Schule tut, wird mehr und mehr eine Herausforderung für den Christen. Denn in der angeblich pluralen und offenen Situation haben in steigendem Maße jene das Wort, die lautstark ihre neue „Konfession" mit ihrer neomarxistischen Heilsbotschaft und ihrer ethischen Auffassung geltend machen. Ist es wieder einmal der stärkere Enthusiasmus anderer, der die Christen wach machen soll und ihre Zagheit und Ängstlichkeit bloßlegt? Die angebliche Wertneutralität der wissenschaftlichen Pädagogik schlägt also praktisch heute sogleich um in das Engagement der in dieser Wissenschaftlichkeit Unterwiesenen für eine angeblich „unwissenschaftliche" normative Auffassung von Gesellschaft, Erziehung und Ethos, die kein Gebiet ausläßt und in allen Teilgebieten ihr Vorzeichen setzt.

Ein instruktives Beispiel für diese Entwicklung dürfte der Sexualkundeunterricht sein, der zum Teil auf der „nordischen Welle" reitet[10], zum Teil aber marxistisch indoktriniert. Der bis in den offiziellen Sexualkundeatlas von 1969 deutlich erkennbare Ausfall des Human-Ethischen und die Eingrenzung auf biologische Unterrichtung kennzeichnet die für die angeblich wissenschaftsorientierte Didaktik kennzeichnende Verdürftigung der personalen Sicht und den allgemeinen Rückzug auf die funktionale Sicht[11]. Daß hinter der These vom Ende aller Tabus und von der Emanzipation von der „repressiven" christlichen Moral der mißverstandene *Freud* steht, legen sogar Untersuchungen der sicher nicht christlich orientierten Frankfurter Schule nahe, die sich kritisch von *Marcuse* und seinen Nachbetern

---

[10] Hier sei nur kurz genannt das in Sprache und Illustration abstoßende dänische Buch „Sexualinformation für Jugendliche", das in deutscher Übersetzung im Verlag „Neue Kritik" (Frankfurt) erschienen ist.

[11] Ein Realschuldirektor machte mich auf bestimmte Unterrichtsbeispiele für den Sexualkundeunterricht im Rundfunk aufmerksam, die nach seinem Urteil sachlich ungenau, in der Sprache primitiv und pädagogisch unzulänglich seien.

distanzieren[12]. Daß die Völkerkunde sexuell entspannte Jugenderziehung kennt, ohne daß dabei Komplexe und seelische Störungen entstehen[13], hat ein Teil unserer Sexualpädagogen noch gar nicht zur Kenntnis genommen, geschweige denn bedacht. Dieses Beispiel zeigt, daß auf die Dauer eine angeblich wertfreie und wissenschaftsbetonte Pädagogik zu einer ganz bestimmten Werthaltung und Praxis führt, deren Voraussetzungen und Ziele mindestens ebenso „dogmatisch" fixiert sind wie die vielfach zu Unrecht getadelte christliche Sexualmoral[14].

---

[12] Interessant ist der Aufsatz von *H. Berndt* und *R. Reiche* „Die geschichtliche Dimension des Realitätsprinzips" (Antworten auf *Herbert Marcuse*, herausg. von *J. Habermas*, Frankfurt 1968, 104—132), der den völlig anderen Ansatz *Marcuses* und die Fehldeutungen der „neuen Linken" überzeugend nachweist.

[13] Vgl. *D. P. Ausubel*, Das Jugendalter, München ^{2}1970, 377—380; *M. Mead*, Leben in der Südsee, Jugend und Sexualität in primitiven Gesellschaften, München 1965.

[14] Die weit verbreitete Diffamierung der christlichen Sexualerziehung und die These von ihrer Verantwortung für die Prüderie der jüngsten Vergangenheit wird korrigiert und auf das rechte objektiv vertretbare Maß zurückgeführt durch *W. Braun*, Geschlechtliche Erziehung im kath. Religionsunterricht, Trier 1970. Dazu meine ausführliche Besprechung in Vierteljahrschr. für wiss. Pädagogik 47 (1971) 116—121.

III. ENTKONFESSIONALISIERUNG DES RELIGIONSUNTERRICHTES

Auf dem 83. Deutschen Katholikentag zu Trier erklärte ein Religionslehrer eingangs seines Referates das ihm zugewiesene Thema „Glaubensverkündigung in Familie und Schule" kurzerhand für unbrauchbar und irreführend, denn Glaubensverkündigung könne es in der Familie, nicht aber in der Schule geben. Als Religionslehrer lehnte er es ab, Sachwalter und Vertreter der Kirche zu sein — überhaupt müsse der Geruch des Kirchlichen aus dem Religionsunterricht verschwinden. In ihrem eigenen Interesse solle die Kirche den Religionsunterricht sich selbst überlassen. Konsequent lehnte der Referent auch die Kontrolle der Religionslehrer (als Vertreter der kirchlichen Lehre) durch den Bischof grundsätzlich ab. Gewiß wurde die theologische und die religionspädagogische Position des Referenten bei der genannten Veranstaltung einer lebhaften Kritik unterzogen. Es kann aber kein Zweifel darüber bestehen, daß diese Position heute so stark an Boden gewinnt, daß einzelne bereits urteilen, die Entscheidung für eine völlige Neuorientierung im Sinne eines entkonfessionalisierten Religionsunterrichtes sei bereits gefallen[1].

Ohne Frage meint heute mancher Religionslehrer unter dem Druck der veränderten Situation in Schule und Gesellschaft und im Blick auf die Äußerungen des Unbehagens am Religionsunterricht durch die heranwachsenden Jugendlichen den bekenntnismäßigen Charakter des Religionsunterrichtes aufgeben zu müssen. Mancher sieht in dieser Entwicklung geradezu die innere Konsequenz der Entkonfessionalisierung der Schule. „In einer öffentlichen, nichtkonfessionellen, allgemeinbildenden Schule sollte auch ein öffentlicher, nichtkonfessioneller,

---

[1] So *H. Halbfas* in seinen Vorträgen: Aufklärung und Widerstand, Beiträge zur Reform des Religionsunterrichtes und der Kirche, Stuttgart/Düsseldorf 1971. Die Ideen von *Halbfas* sind weniger originell, als sie im katholischen Bereich oft angesehen werden. Er bewegt sich durchweg im Zusammenhang „linker" protestantischer Religionspädagogen und ihrer Theologie und Didaktik. Interessant ist sein Weg von der hermeneutischen zur politischen Theologie.

allgemeinbildender Religionsunterricht das ordentliche Lehrfach sein, ein Religionsunterricht, der ebenso für alle Schüler der Schule gelten kann wie jedes andere Fach"[2]. Die Entkonfessionalisierung des Religionsunterrichtes vollzieht sich — unter Zustimmung eines Teiles der Elternschaft — entgegen den Bestimmungen des Grundgesetzes und dem Tenor der meisten Länderverfassungen und entgegen den zwischen den Schulverwaltungen und Kirchen vereinbarten Lehrplänen auf kaltem Wege.

Wir versuchen zunächst jene Thesen und Begründungen kurz zu referieren, die heute im Gespräch der Pädagogen und Religionspädagogen für eine Entkonfessionalisierung vorgetragen werden. Für einen nicht konfessionellen, religionswissenschaftlich orientierten Religionsunterricht werden im Großen und Ganzen folgende Begründungen vorgebracht.

1. Seitens der modernen Schultheorie wird auf die Eigentümlichkeit der schulischen Arbeit verwiesen, die — nach *Theodor Wilhelm*[3] — es erstlich mit der Vorstellungswelt des jungen Menschen zu tun hat, diese kritisch durchforstet, zu einem Gesamtbild hin aufarbeitet und weiterführen will. „Der spezifische Gegenstand der Schule ist der Mensch, insofern er durch Vorstellungen geleitet ist"[4]. Im Gegensatz zur willensbetonten Erziehungs- und Schultheorie von gestern wird hier eine Zielsetzung betont, die kognitiv und speziell auf die Vorstellungswelt hin orientiert ist. Der „Horizont des Glaubens" wird von der Lehr- und Lernfunktion des Religionsunterrichtes her angegangen. Unverkennbar ist gerade in Ausführungen *Wilhelms* der Affront gegen einen pädagogischen und religionspädagogischen Voluntarismus, den dieser Autor gerade bei zahlreichen Neuhumanisten und bei den gängigen Religionspädagogen vermutet. Ob *Wilhelm* in seiner Kritik an einem extrem gemüts- und willensbetonten Glaubensverständnis nicht doch zu einseitig die ihm näher liegende evangelische Religionsdidaktik vor Augen hat? Mit Nachdruck wendet er sich gegen eine „Theologisierung" des Religionsunterrichtes, wie er sie im Gefolge der „dialektischen Theologie" und der katholischen kerygmatischen Theologie meint beobachten zu müssen. Positiv möchte er durch „kritisches Denken" die christliche Botschaft „aus dem vollen

---

[2] Vgl. Religionsunterricht an Höheren Schulen 14 (1971) 243 f.

[3] *Th. Wilhelm,* Theorie der Schule, Hauptschule und Gymnasium im Zeitalter der Wissenschaften, Stuttgart 1967.

[4] Ebd. 50.

Beschuß durch Skepsis und Argumentation siegreich hervorgehen" lassen[5]. Der Schulunterricht aber müsse darauf bestehen, daß sich der Lehrende und Lernende für die Dauer des Unterrichtes von „festgelegten (sozialisierten) Glaubenspositionen" zu lösen versuche, um sich „der Skepsis des Gedankens zu exponieren". Religiosität als Lebensgefühl wird konsequent der Familie, der Gemeinde und ihrer Verkündigung zugewiesen, während die Schule die Aufgabe hat, die Vorstellungen auf das religiöse Weltverständnis hin zu erweitern, zu systematisieren und zu einem geordneten religiösen Vorstellungszusammenhang zusammenzufügen[6]. In dieser von einer konsequent weitergedachten schulischen Konzeption können die Konfessionen mit ihren Lehren, Praktiken und Autoritäten höchstens als Objekt, nicht aber als normierende oder gar kontrollierende Instanzen betrachtet werden.

2. Verstärkt wird die hier kurz gefaßte Begründung durch eine zweite, die ihren Ansatz von der heutigen pluralen Gesellschaft her wählt. Von dieser pluralistischen Gesellschaft und ihrer durch weltanschauliche Neutralität gekennzeichneten Rechtsordnung her ergebe sich, so sagt man mit allem Nachdruck, eine in der inneren Konsequenz auch des Grundgesetzes der Bundesrepublik Deutschland liegende Beendigung aller Gruppenprivilegien. Weil die öffentliche Schule als „Schule für alle" Veranstaltung des Staates sei, müsse sie sich auch den religiösen Gemeinschaften gegenüber zurückhalten und entgegen der überlieferten Gepflogenheit auf einen Religionsunterricht bedacht sein, der nicht „Erfüllungsgehilfe für kirchliche Missionsabsichten und Indoktrinationen" sei. Des Näheren weist man auf jenes Minimum an Gesinnungspflege hin, das im Grundgesetz als verbindlich vorausgesetzt wurde. Der Lehrer müsse „wie Tiberius Tonepöhl, Richter zu Quakenbrück" (bei *Ricarda Huch*) unparteiisch sein und auf den im Grundgesetz angesprochenen „pluralistischen Kosmos der Gesinnungen" bedacht sein[7]. Konsequent betont man den „religionswissenschaftlichen" Ansatz dieses neutralen, nichtkonfessionellen Re-

---

[5] L.c. 306.

[6] Vgl. ebd. 308.

[7] So *Hans Barion* in seinem Aufsatz: „Bekenntnismäßig nicht gebundener Unterricht in Biblischer Geschichte auf allgemein christlicher Grundlage. Das religionswissenschaftliche Problem des bremischen Bibelunterrichtes. In: „Religion und Religionen." (Gustav-Mensching-Festschrift) Bonn 1967, 227—244.

ligionsunterrichtes[8]. Andere wollen die im Grundgesetz angeblich noch nicht konsequent durchgeführte weltanschauliche Neutralität bis auf das Verbot der Kindertaufe (als einer Vergewaltigung unmündiger Menschen) hin ausgedehnt sehen und plädieren für eine radikale Trennung von Kirche und Staat, die auch die Abschaffung der Theologischen Fakultäten an den Universitäten und ihre Ersetzung durch religionswissenschaftliche Abteilungen innerhalb der philosophischen Fachbereiche mit einschließt, die damit eine Aufgabe zugeteilt bekommen sollen, die eine neue nichtkonfessionelle und nichtchristliche „Religionspädagogik" mit einbegreift[9].

3. Neben der Schultheorie und der Religionswissenschaft bzw. der Verfassungstheorie der Gegenwart meldet sich in der Diskussion um die Entkonfessionalisierung des Religionsunterrichtes gerade die Pädagogik zu Wort. Ihr geht es um die geistige und seelische Situation der heutigen Jugend. Bei den jungen Menschen könne nicht mehr einfach hin eine christliche Glaubenshaltung vorausgesetzt werden, wie es die ältere Religionspädagogik noch getan oder noch zu tun pflege. Eine theologisch oder katechetisch orientierte Religionspädagogik verfehle die konkrete Situation der heutigen Jugend und überfordere sie, was sich durch Unmut und Widerstand, durch gehäufte Abmeldung vom Religionsunterricht und innere Passivität belegen lasse. Deswegen sei Religionsunterricht mit das unbeliebteste Fach. Der junge Mensch werde heute zum Denken und zur kritischen Haltung erzogen und tue sich der Verkündigung des christlichen Heilsmysterium gegenüber sehr schwer. Er trete aus dem Bereich einer (noch?) konventionell christlich und konfessionell geprägten Familie heraus in den Raum einer total säkularen Geistigkeit, die auch in Schule und Freizeitbereich herrschend sei. Man wirft der bisherigen Religionspädagogik in ihrer angeblich einseitigen theologischen Orientierung vor, sie habe das Kind „verleugnet"[10]. Im Namen der Pädagogik und im Blick auf eine exakte Situationsanalyse der heutigen Jugend fordert man eine radikale „Enttheologisierung" des Religionsunterrichtes, was einer neuen pädagogisch begründeten und firmierten

---

[8] *(Barion)* a.a.O., ähnlich auch *H. Halbfas,* Von der Theologie zur Religionswissenschaft, in: Aufklärung und Widerstand, 79—87.
[9] Vgl. das Pamphlet von *J. Kahl,* Das Elend des Christentums oder Plädoyer für eine Humanität ohne Gott, Hamburg 1968.
[10] Vgl. *W. Loch,* Die Verleugnung des Kindes in der evangelischen Pädagogik, Essen 1964.

Spielart von Entkonfessionalisierung gleich kommt[11]. Eine in die gleiche Richtung zielende Variante betont die anthropologische Zielsetzung und Schwerpunktbildung innerhalb der katholischen Katechetik. Die Enttheologisierung mag hier behutsamer formuliert werden; man unterstreicht das „auch" und „vor allem" des Anthropologischen: „Es geht mehr um den Menschen als um den Glauben"[12]. Auch hier wird ein anderer und neuer Ansatz gefordert als ihn die kerygmatisch orientierte Katechese pflegte, der gegenüber man von neuem die Berechtigung des anthropologischen Ansatzes der Aufklärungskatechese entdeckt. „Heute besteht Grund zu der Annahme, daß der anthropologische Einstieg der Aufklärungszeit gar nicht so schlecht war"[13]. Fraglos ist hier der letzte theologische Hintergrund das Verblassen der Wirklichkeit Gottes, der Realitätsverlust des „Gott über uns", der zur Mitmenschlichkeit als einziger Erscheinungsform Gottes führt[14].

4. Unter theologischem Aspekt muß weiterhin jene Begründung gewertet werden, die von der „Theologie der Welt" her jede Integration und damit auch jeden Versuch einer ganzheitlichen Daseins- und Lebensdeutung innerhalb der Religionspädagogik als illegitim ablehnt. Die theologische Basis dieser Spielart einer theologisch überfrachteten Katechetik und Religionspädagogik ist die These von der durch die Erbsünde nun einmal vorgegebenen totalen Desintegration des Menschen. Der hier sichtbar werdende pessimistische Ansatz führt konsequent zu einer Diffamierung jeden Versuches, von einem innerweltlichen Fixpunkt her oder vom Glaubensgut her die „jetztzeitig und innerweltlich unaufhebbar plurale Welt" eindeutig zu entwirren und integralistisch durchgestalten zu wollen. Gefordert wird vom Christen, daß er die „unaufhebbare, nicht integrierbare Pluralität" der Umwelt annimmt, in Glaube, Hoffnung und Liebe durchträgt und bis zum Tode, wo diese Desintegration ihre absolute Verdichtung erfährt, austrägt[15]. Diese von den Gedanken *Karl Rahners* lebende Theorie lehnt

---

[11] Hierzu: *E. Paul,* Das Ende einer theologisch deduzierten Katechetik, in: ThQ 150 (1970) 214—228. Neudruck unter dem Titel: Das Ende einer theorielosen Religionspädagogik, in: *G. Stachel/W. Esser* (Hrsg.), Was ist Religionspädagogik, Zürich-Einsiedel-Köln 1971.

[12] *A. Exeler,* Religionsunterricht als Deutung des Daseins, in: KBl 95 (1970) 705—715, hier: 711.

[13] Ebd. 705.

[14] Vgl. *G. Stachel,* Das Was und Wie religiöser Erziehung, in: Was ist Religionspädagogik, l. c. 64—89, hier: 68 f.

eine Integration der öffentlichen Schule der pluralen Gesellschaft grundsätzlich ab und verlangt, daß die Kirche die moderne säkulare Pluralität annehmen und tragen soll. Die Einrichtung einer modernen Katechese, so meint man, werde auch für den Religionsunterricht den Raum der öffentlichen Schule zeichenhaft freigeben für die plurale Weltlichkeit und damit dem Religionsunterricht den Vorwurf ersparen, er versuche kirchliche Unterweisung und Verkündigung auf Kosten des weltanschaulich neutralen Staates zu betreiben[16]. Im Kern wird mit dieser Theorie nicht nur der systematisch angelegten Katechese und einer umfassenden religiösen Weltsicht, sondern auch jeder Systematik in der Theologie der Abschied gegeben. Denn vom Offenbarungsgut her die Fragen des Menschen nach einem ganzheitlich zu begreifenden Sinn und das Verlangen des Menschen nach einem vom Glauben her zu gestaltenden Entwurf einer neuen und anderen Welt wäre usurpatorische Vorwegnahme der Gott allein vorbehaltenen endzeitlichen Integration dieser Welt. Der radikale Eschatologismus mit seiner Resignation und seiner Reserve gegenüber dem Anspruch auf Weltüberwindung und Weltgestaltung im konkreten Sinn, führt hier ebenfalls zu einem Verzicht auf einen Religionsunterricht innerhalb der öffentlichen Schule, der junge Menschen zum Glauben hinführt und zum Bekenntnis der Kirche hin geöffnet ist. Die Kehrseite dieses Entwurfs, der Anspruch, auch jede andere Pseudointegration im Religionsunterricht zu entlarven und zu bekämpfen, kann im Blick auf die tatsächlichen Ansprüche der Ideologien und ihre Wirkmacht, beim Verzicht auf eine entsprechende Glaubensbasis kaum überzeugen.

5. An letzter Stelle wäre nunmehr die Übertragung der modernen Curriculumrevision auf den Religionsunterricht und ihre Konsequenzen für die Lernzielbestimmung zu nennen, die ihrerseits ebenfalls bei manchen Vertretern zu einer Entkonfessionalisierung und Enttheologisierung des Religionsunterrichtes in der Praxis führt. Die zentrale Frage nach den Qualifikationen, die der Unterricht vermitteln soll, rührt immer an das Problem, wofür der junge Mensch sich qualifizieren soll. Für die bestehende Welt und Gesellschaft? Oder für eine kritische und emanzipatorische Infragestellung dieser Welt und Gesellschaft? Von welcher Basis her soll eine derartig affirmative oder

---

[15] *G. Baudler,* Zum theologischen Selbstverständnis des Religionsunterrichtes in der pluralen Gesellschaft, in: KBl (1970) 535—548, hier: 538.
[16] Ebd. 539.

auch kritische Sicht ihre Maßstäbe nehmen? Hier ist es fraglos das moderne Management, das die Gedankenwelt der notwendigen Qualifizierung für morgen bestimmt; drüben ist es der Neomarxismus, der von seinen Ideen her dieses Management in Frage stellt und die „heile Welt" und ihr System verändern möchte. Ein von der Kirche, ihren Glaubensinhalten und ethischen Impulsen emanzipierter Religionsunterricht wird, so scheinen die bisher vorliegenden Versuche es jedenfalls anzudeuten, entweder affirmativ oder kritisch sich die Systembestätigung oder die neomarxistische Systemveränderung zu seinem Grundanliegen machen. Das gilt bis in die (noch) aufgenommenen biblischen und theologischen Ansätze eines neuen Vorverständnisses hinein. Die Frage nach der anderen Freiheit, die das Evangelium kündet und vermittelt, ist in diesem Zusammenhang noch kaum gestellt, geschweige denn überzeugend beantwortet worden. Bereits die Fragestellung, ob und wieweit denn in der „Sache Jesu" auch emanzipatorische Elemente enthalten seien, enthüllt den Fehlansatz und offenbart die Grundtendenz, im Religionsunterricht und für seine curriculare Zielsetzung auch „up to date" zu sein. Zudem zeigt sich mit wachsender Deutlichkeit, daß eine einseitig kognitive Orientierung der curricularen Entwürfe und Zielsetzungen fast überall zu einer Vernachlässigung des Affektiven und eines für die Glaubensrealisierung charakteristischen eigenständigen Ethos führt. Der Abschied vom „Stoff" ist nicht selten ein Abschied vom Gegenständlichen der Botschaft. Die viel gepriesene „Interaktion" wird allzuleicht zu einem leichtfertigen unernsten Spiel in der Hand von Dilettanten, die weder den Auftrag noch das notwendige Instrumentarium heilpädagogischer Arbeit besitzen[17]. Aus dem Gesagten ergibt sich die Aufgabe, die Einzelaspekte einer heute mit den verschiedensten Begründungen operierenden überall diskutierten und zu einer fragwürdigen Praxis führenden „Entkonfessionalisierung" des Religionsunterrichtes in den Blick zu nehmen und kritisch zu diskutieren. Bedeutsam scheint von vornherein zu sein, daß die unterschiedlichen Diskussionsebenen klar gesehen werden.

Es geht einmal um die Ebene des Verfassungsrechtes und der gesellschaftlichen Grundordnung. Gibt es noch ein einsichtiges Recht auf

---

[17] Auf die Problematik des Reiz-Reaktionsschemas und die pädagogisch unzulänglichen Methoden machen aufmerksam: *K. H. Schäfer* und *K. Schaller*, Kritische Erziehungswissenschaft und kommunikative Didaktik, Heidelberg 1971, besonders 89—93.

einen zum Bekenntnis der Kirche hin geöffneten Religionsunterricht? Oder ist per se jeder am Glauben orientierte Religionsunterricht absolut illegitim? Folgt wirklich aus der Konzeption einer Schule für alle ein „Religionsunterricht für alle“: Für Christen und Nichtchristen, für Juden und Atheisten, für Moslems und Buddhisten?
Sodann geht es um die erziehungswissenschaftliche Diskussionsebene. Hier geht es einmal um die Frage nach dem Ort des Religionsunterrichtes und die von der heutigen Schultheologie aufgeworfenen Fragen. Daneben aber um die religionspädagogische Theoriebildung und die mögliche Abgrenzung von Religionsunterricht in öffentlichen Schulen und kirchen- und gemeindeinterner Katechese. Ist wirklich eine an den kirchlichen Glauben gebundene Gestaltung des Religionsunterrichtes eine „Kapitulation“ vor der Kirche? Welche Aspekte sind für den Religionsunterricht und seine Theoriebildung wesentlich? Ist eine Enttheologisierung des Religionsunterrichtes von der Sache her überhaupt vertretbar?
Schließlich geht es in Konsequenz des zuletzt Genannten um die theologische Diskussionsebene. Welche Konsequenzen hat die Theologie der Welt für den Religionsunterricht? Muß das Grundanliegen einer zum Ökumenischen hin geöffneten Religionspädagogik nicht stärker berücksichtigt werden? Enthält das Programm einer theologisch und didaktisch begründeten „Entkonfessionalisierung“ nicht doch wichtige und bedenkenswerte Elemente? Was war an der bisherigen religionspädagogischen Praxis falsch im Blick auf diese Fragestellung? Wie muß eine nachkonziliare Religionspädagogik und Katechetik in ihrer Theoriebildung und ihrer Praxis neu konzipiert werden?
Es läßt sich gar nicht vermeiden, daß die folgenden Abschnitte an einzelnen Stellen thematisch sich etwas überschneiden und Fragen der einen Diskussionsebene in die andere hineinspielen.

IV. ZUR RECHTSLAGE DES RELIGIONSUNTERRICHTES

Daß an allen öffentlichen Schulen, deren Besuch verpflichtend ist (mit Ausnahme der bekenntnisfreien Schulen), Religionsunterricht „ordentliches Lehrfach“ d. h. institutionell gesichertes, vom Staat zu veranstaltendes und finanziell zu tragendes Fach ist, muß im Blick auf die heute in die Diskussion geratene Einschränkung, dieser Unterricht sei nach den Grundsätzen der Religionsgemeinschaften zu halten, historisch und grundsätzlich bedacht werden. Die Bestimmung des Grundgesetzes in Artikel 7 Absatz 4 entspricht in Inhalt und Form dem Artikel 149 der Weimarer Verfassung von 1919. Das Reichskonkordat von 1933 hatte diese Bestimmung erneut in Artikel 21 bekräftigt und „Volksschulen, Mittelschulen und höhere Lehrveranstaltungen“ anstelle „der Schulen“ genauer als Ort des Religionsunterrichtes präzisiert. Insofern hier und anderswo die Konformität des Konkordates mit der Verfassungswirklichkeit des Weimarer Staates offen zu Tage liegt, muß das Urteil von *Hans Joachim Becker* als zutreffend angesehen werden: „Das Reichskonkordat kann nach alldem nicht dem System der politischen Verträge Hitlers zugerechnet werden“[1].

Den grundgesetzlichen und konkordatären Bestimmungen entsprechen die Bestimmungen der Landesverfassungen. Bremen ist bekanntlich hier eine ausdrücklich im Grundgesetz verankerte Ausnahme (Bremer Klausel: Artikel 141 des Grundgesetzes).

Gegenüber jenen Stimmen, die von den Kirchen verlangen, auf diese Rechtsposition ausdrücklich zu verzichten, muß auf die Tatsache verwiesen werden, daß hier keine Privilegien der Kirchen fixiert sind, sondern der Staat auf bestimmte Grundrechte seiner Bürger hin in Pflicht genommen wird[2].

Der Staat hat nach dem Willen seiner verfassungsgebenden Versammlungen von 1919 und 1949 hier eine ganz bestimmte Form religiöser

---

[1] *H. J. Becker*, Zur Rechtsproblematik des Reichskonkordats, München 1956, 97.

[2] Vgl. *E. Friesenhahn*, Religionsunterricht und Verfassung, in: Essener Gespräche zum Thema Staat und Kirche 5, Münster 1971, 67—88, hier: 73.

Toleranz im positiven Sinn umschrieben und abgesichert. Einmal wird im öffentlichen Schulwesen Religionsunterricht als integrierender Teil des Unterrichtsgeschehens bestimmt. Zum anderen wird an gleicher Stelle ein Raum der Freiheit ausgespart, der Lehrern und Schülern es freistellt, diesen Unterricht zu halten bzw. an ihm teilzunehmen. Und drittens verzichtet hier der Staat auf jede Fixierung des Inhaltes, ohne seine Aufsichtsrechte preiszugeben. Der Inhalt dieses Unterrichtes wird an die Grundsätze der Religionsgemeinschaften gebunden. Das bedeutet, daß Staat und Unterrichtsverwaltung nicht über diese Grundsätze entscheiden können, sondern deren Fixierung und Interpretation den Kirchen und Religionsgemeinschaften zu überlassen haben. „... der Staat kann nicht verbindlich machen, was die Inhalte einer bestimmten Religion, einer Kirche sind. Das alles bestimmen die Kirchen, die Religionsgemeinschaften, und zwar je nach der Verfassung der Kirche und der Religionsgemeinschaft deren zuständige Stelle ...“[3] Alle Versuche, dieses verfassungsrechtlich abgesicherte Prinzip als heute nicht mehr gesellschaftspolitisch oder pädagogisch tragfähig hinzustellen, scheitern am Wortlaut und Sinn dieser klaren Aussage.

Damit ist eindeutig festgelegt, daß der Staat innerhalb seiner Zuständigkeit für das Schulwesen dem einzelnen einen besonderen Freiheitsraum gewähren will und die Zusammenschlüsse seiner Bürger zu Kirchen oder Religionsgemeinschaften respektiert. Daß der Religionsunterricht durch die „Grundsätze der Religionsgemeinschaften“ und nicht durch die Privatansichten einzelner Religionslehrer normiert sein soll, ist durchaus sinnvoll. Denn entgegen der bekannten und landläufigen Meinung, wonach Religion Privatsache sein soll, wird hier mit Recht die soziale und kirchliche Dimension des Religiösen ernst genommen. Damit ist die Pluralität der Bekenntnisse, d. h. die unterschiedliche Grundüberzeugung der religiösen Gruppen ausdrücklich ins Spiel gebracht. Mag der Stellenwert des Dogmas im evangelischen Religionsunterricht gegenüber dem biblischen Text ein relativ geringer sein, mag das Dogma im jüdischen Religionsunterricht gegenüber der Praxis des Handelns zurücktreten, für den katholischen Religionsunterricht bleibt es als gültige Interpretation der biblischen Botschaft verbindlich, auch wenn seine Ausdrucksformen und die hinter

---

[3] So mit Recht *W. Geiger,* Die rechtliche Stellung des Religionsunterrichtes in der Schule, in: Religionsunterricht wohin? Gütersloh 1971, 79—94, hier: 83.

seiner Formulierung stehende Fragestellung zeitbedingt sind. Glaube und Religion sind soziale und damit kirchliche Realitäten, ein Aspekt, der in der heutigen Diskussion weithin vernachlässigt und vergessen scheint[4]. Mit dem Gesagten ist die verfassungsrechtliche Basis für einen evangelischen, einen katholischen, einen jüdischen oder u. U. einen „christlich-unitarischen“ Religionsunterricht[5] in seiner jeweiligen Besonderheit aufgezeigt.

Brennend ist im Augenblick die Frage, ob diese verfassungsrechtliche Basis eines bekenntnisgebundenen Religionsunterrichtes noch „gesellschaftspolitisch gedeckt“ ist. Sind nicht Vorgeschichte und Kompromißcharakter dieser Verfassungsbestimmungen ganz und gar gebunden an eine bestimmte gesellschaftliche Situation von 1919 bzw. 1949? Entwickelt sich nicht das Recht immerfort weiter, bis es auch in anderen juridischen Bestimmungen eines Tages seinen adäquaten Ausdruck findet? Ist nicht der Autoritätsverlust der Kirchen heute eine eklatante und gesellschaftspolitisch relevante Tatsache? Nun, wer das sogenannte Dritte Reich erlebt hat, erinnert sich noch gut der nationalsozialistischen Gegenpropaganda und ihrer Wirkung bei weiten Kreisen der Jugend und der Masse der Bevölkerung. Gleichwohl waren die Verfassungsbestimmungen und die konkordatären, völkerrechtlich verbindlichen Abmachungen eine Basis dafür, daß in Deutschland nicht allgemein jene Situation entstand, wie sie beispielsweise im sogenannten Warthegau praktiziert wurde, wo Kirche nur noch privater Verein und grundsätzlich auf den Vollzug des Kultes beschränkt war.

Die im Augenblick sich vollziehende „kalte“ Entkonfessionalisierung des schulischen Religionsunterrichtes steht fraglos in offenem Gegensatz zur gültigen Verfassungswirklichkeit und der auf ihr beruhenden Gesetzgebung. Sie entspricht keineswegs jenem partnerschaftlichen Zueinander und Miteinander von staatlichen und kirchlichen Organen,

---

[4] Unterschwellig steht hinter zahlreichen Beiträgen von Schultheoretikern und Pädagogen ein rein individualistisch verengtes Glaubens- und Religionsverständnis, das den religionsphilosophischen, den religionsgeschichtlichen und erst recht den theologischen Grunderkenntnissen widerspricht.

[5] In Schleswig-Holstein wurde ich vor einigen Jahren auf die (noch nicht öffentlich anerkannte) Gruppe der „Christlichen Unitarier“ aufmerksam gemacht, die mit Nachdruck einen eigenen Religionsunterricht in den Schulen verlangten. Auf meine Frage, was denn „Kiel“ dazu sage, antwortete man mir: Dort kaut man am Federhalter und behandelt die Frage dilatorisch.

wie es als Konsequenz der Bundes- und Landesverfassungen sich eingespielt hatte.

In der Diskussion auf der verfassungspolitischen Ebene ist m. E. heute mit allem Nachdruck die grundsätzliche Bedeutung des im Religionsunterrichtes gesicherten Freiheitsraumes zu betonen. Hier hat der Staat, dem heute bürokratisch und verwaltungsmäßig eine ungeheure Macht eigen ist, für den Bereich des Religiösen einen Raum ausgespart, der nicht von der Ministerialverwaltung oder ähnlichen Instanzen dirigiert wird. Alle Versuche, den Freiheitsraum des Religionsunterrichtes dahingehend einzuschränken, daß das „ordentliche Lehrfach", etwa im Sinne von *H. Halbfas* und anderen[6], als Pflichtfach für alle deklariert wird, widersprechen der gültigen und durchaus sinnvollen Grundkonzeption unserer Rechtsordnung. Nicht durch rechtliche Tricks, sondern nur durch eine religiös und religionspädagogische attraktive Unterrichtsgestaltung kann die Krise des Religionsunterrichts behoben werden. Klima und Thematik wie Methodik des Religionsunterrichts sollten diesen Geist echter Freiheit atmen und zu Wort kommen lassen. Erfahrungen an der Ruhr-Universität deuten darauf hin, daß Studierende gerade in den theologischen Seminaren und im Umkreis der theologischen Abteilungen die Humanisierung einer allzu rasch aufgebauten Riesen-Lehranstalt erfahren, die nicht einzig durch die relativ kleinen Gruppen innerhalb des theologischen Arbeitsraumes bedingt sind. Im Horizont des christlichen Glaubens muß heute eine Unterrichtsgestalt und eine Gesprächs- und Umgangsform entwickelt werden, die mit der Treue zum Glaubensinhalt gerade die heute so stark bedrohte Freiheit aus christlicher Verantwortung und Spiritualität sichert und anbietet.

Doch hier wird unweigerlich der Einwand kommen: Aber ist nicht gerade das „kirchliche System" ebenfalls eine Bedrohung der Freiheit? Daß die Bindung des Glaubens in vorzüglicher Weise Freiheit bietet, muß theoretisch und praktisch in der nachkonziliaren Epoche neu erarbeitet und durchgesetzt werden. Grundsätzlich ist zunächst auf die Bedrohung der Freiheit durch die Manipulation der Meinungsmacher und die jeweiligen „Trends" hinzuweisen. Der einzelne junge Mensch erfährt den Verlust seiner Freiheit in steigendem Maße und bedauert ihn. Daß Glaube, christlicher Glaube und christliche Exi-

---

[6] *H. Halbfas,* Religionsunterricht als ordentliches Lehrfach, in: Aufklärung und Widerstand, 50—58, hier: 57.

stenz Freiheit schenken, muß er neu erfahren. Ein konkreter Raum solcher Erfahrung ist der Religionsunterricht.

Der Einwand, die Kirche widerlege doch durch ihre Geschichte diesen Anspruch selbst, vergißt, wie stark die Freiheitsbewegungen im Inneren der Kirche zu allen Zeiten waren. Er vergißt zudem, daß die Freiheit des einzelnen des gesellschaftlichen Rückhaltes bei anderen bedarf.

Eine Freigabe des Religionsunterrichtes an die Pluralität der unterschiedlichen religiösen Auffassungen und Privatmeinungen der Lehrer und Theologen ohne Bindung an die Kirche führt in Kürze zu einer Überforderung des Einzelgewissens und zur schutzlosen Preisgabe an wechselnde Modemeinungen und verwirrende Pluralitäten ethischer Experimente.

Der vom Staat garantierte und angebotene Freiheitsraum des Religionsunterrichts ist also religionspädagogisch neu zu bedenken und auch von den Religionsgemeinschaften, die hier eine maßgebende Rolle spielen, zu verantworten. Die moderne Soziologie macht darauf aufmerksam, daß die gängigen Trends, in der Kirche nichts als eine Bedrohung der Freiheit zu sehen, und neue Freiheitsräume durch eine Emanzipation von der kirchlichen Autorität zu erträumen, auf einem grundlegenden Irrtum beruhen. Denn „Freiheit“ im Sinne von emanzipatorischer Befreiung ist vorwiegend ein negativ formulierter Begriff, der erstlich Freiheit „von“ etwas im Auge hat. Man erfährt das Ende einer bislang nur noch widerwillig ertragenen Bindung als Befreiung von einer Last, deren Sinn man nicht mehr begriff. Aber ist Bindungslosigkeit und Normenlosigkeit wirklich echte Freiheit? Kommt der Mensch in der Konsequenz eines allgemeinen „laissez faire“ wirklich ganz zu sich selbst und zu einem sinnvollen Leben? Verliert nicht der Mensch zusammen mit der Chance und Möglichkeit, sich mit Gruppe, Gemeinde oder Kirche identifizieren zu können, auch sich selbst und den Sinn seines Daseins? Der Mensch bedarf eines Identifizierungsspielraumes, der ihm die nötige Freiheit in seinem Werten und Handeln gewährt. Und er bedarf eines entsprechenden Dispositionsspielraumes, wo er ohne Konflikte mit anderen und in klarer Zuständigkeitsabgrenzung wirken und handeln kann[7].

Dispositionsspielräume gestatten es dem einzelnen, seine Rolle und die mit ihr gegebene „delegierte Herrschaftsmacht“ ohne dauernde

---

[7] Zum Folgenden vgl. W. *Siebel,* Freiheit und Herrschaftsstruktur in der Kirche, Berlin 1971.

Kompetenzkonflikte ausüben zu können. So gewinnt sein Wirken und Handeln ein Stück echter Freiheit und Selbstverantwortung, nachdem jene Autorität erkannt ist, die die notwendigen Abgrenzungen der Zuständigkeit vornimmt und ihre Einhaltung garantiert. Es muß Instanzen geben, die dieses Miteinander der Rollen und der Funktionen durch klare Umschreibung der Kompetenzen und Zuständigkeiten, der Aufgaben und Arbeiten regelt und vor unnötigen Konflikten bewahrt.

Anders ist es mit den nicht rollengebundenen Dispositionsspielräumen. Die Soziologie weiß, daß die Mitgliedschaft in einer bestimmten Gruppe es dem einzelnen gestattet, sich mit den Normen und Verhaltensmustern dieser Gruppe zu identifizieren. Dort, wo derartige Normen internalisiert, „verinnerlicht" werden, wird der einzelne entlastet. Muß der einzelne sich immer wieder nur entscheiden, ohne daß ihm Verhaltensmuster hilfreich vor Augen stehen, führt das zu Unsicherheit und Resignation. Ein übertriebener Aktualismus und Personalismus in Philosophie, Pädagogik und Pastoral hat hier lange genug zu Unrecht von seinem Zielbild rigoroser Selbständigkeit, Mündigkeit und Selbstverantwortung her den einzelnen überfordert. Wo die anerkannten Verhaltensmuster zerbröckeln, zerrinnt fraglos mit der tragenden Kraft der Mitwelt auch ein Stück personaler Freiheit. Nur vorübergehend meint der einzelne in der neu gewonnenen Emanzipation von den Normen, die ihn bislang trugen, ein Stück Freiheit gewonnen zu haben. Bald wird er erschreckend inne, daß er entweder den Trends und den modischen Meinungsmachern des Augenblicks verfällt oder aber in das Chaos einer allgemeinen Normenlosigkeit und Asozialität absinkt.

Das Gesagte ist keineswegs eine Abschweifung vom Thema der rechtlichen Basis des Religionsunterrichts. Der Sinn des staatlich garantierten und gewährten Freiheitsraumes innerhalb dieses Unterrichts und die Überstellung ihres Inhaltes an die vorhandenen religiösen Gruppen und Kirchen gewährt ein bedeutsames Stück an Gewissensfreiheit und Religionsfreiheit. Niemand ist gezwungen, in diesen Bereich der Freiheit einzutreten oder in ihm sich zu engagieren. Grundsätzlich steht er allen Gruppen und Kirchen offen, deren Stärke einen ordnungsgemäßen Unterricht im Rahmen des im Grundgesetz anerkannten und geschützten Freiheitsraumes ermöglicht.

Auf dem Gebiet der Religion und im Blick auf die Dimension des Glaubens kann es keine staatliche Reglementierung geben und wäre auch eine Überstellung der Unterrichtsziele und -gehalte an die Subjektivität einzelner Religionslehrer unverantwortlich. Ein geordneter Unterricht verlangt klare, den Eltern, den Schülern und der staatlichen Aufsichtsbehörde bekannte Ziele, Schwerpunkte, didaktische Aufbauten und Methoden.

Wo katholischer oder evangelischer Religionsunterricht umfunktioniert wird in sein Gegenteil, etwa in den Religionsunterricht einer „dritten Konfession", da widerspricht das dem Grundgesetz und den Landesverfassungen und der in ihnen gewährten Gewissens- und Religionsfreiheit. Weder „*die* Wissenschaft" noch eine angeblich „neue Religionspädagogik" haben das Recht die Eindeutigkeit dessen anzutasten, was die Worte „Grundsätze der Religionsgemeinschaften" beinhalten. Alle Versuche, diese Begrifflichkeit aufzuweichen, ihre konfessionelle Pluralität wegzudisputieren und ihr einen anderen, vom Gesetzgeber und den Verfassungsinstanzen nicht intendierten Sinn zu unterschieben, müssen zurückgewiesen werden.

Aus dieser Rechtslage folgt, daß religionspädagogische Ausbildung, Festlegung der Unterrichts- und Lehrpläne, Beauftragung der Religionslehrer zwischen der staatlichen Unterrichtsverwaltung und den Religionsgemeinschaften vereinbart werden müssen und möglicherweise je nach deren Selbstverständnis zu anderen konkreten Formen führen werden.

Die Kirchen und Religionsgemeinschaften sind hier nicht die „Privilegierten", sondern die Sachverwalter der Religions- und Gewissensfreiheit. Diese Religions- und Gewissensfreiheit verlangt zum ersten, daß im Religionsunterricht eine Atmosphäre der Freiheit und der Sachlichkeit herrscht, die keine Indoktrination und keinen Zwang kennt; sie verlangt aber ebenso, daß den jungen Menschen die befreiende Kraft des Glaubens entgegen den möglichen Diffamierungen dieses Glaubens wirklich erfahrbar wird. Eine kritische Sicht des modernen Lernverständnisses und die Notwendigkeit der Revision eines einseitig kognitiven Lernens verbietet von selbst die Eingrenzung des Religionsunterrichtes auf Wissensvermittlung. Wo verlangt man vom Sportunterricht, daß er rein kognitiv gestaltet werde? Wo fordert man vom musischen Unterricht, daß er sich vom künstlerischen Gestalten und damit von der Praxis distanziere? Aus der Rechtsstellung des Religionsunterrichts als „Unterricht" folgt also keineswegs, daß dieser Unterricht sich im Rahmen einer reinen Wissensvermittlung oder exclusiv kognitiv zu bewegen hat. Wer wird um der „Wissenschaftlichkeit" der modernen Schule willen etwa vom Verkehrsunterricht fordern, er dürfe auf keinen Fall sich der Praxis des Verkehrs zuwenden und Verkehrsregeln einüben? Ebenso unsinnig ist es, um der Wissenschaftlichkeit des Religionsunterrichts willen aus diesem die Thematik des Liturgischen auszuklammern oder Meditation, Gebet und Schulgottesdienst als praktische Vollzüge und Erfahrungsmöglichkeiten aus dem Schulleben zu verbannen. Daß aus der Stufenfolge altersgemäßer und jugendgemäßer religionspädagogischer Curricula Praxis, Vollzug und Einübung total auszuklammern seien, ist eine unzulässige Einengung und willkürliche Eingrenzung der unterrichtlichen Thematik.

Daß jede Praxis und alle Vollzüge unterrichtlich reflektiert, begründet und damit die Dimension des Glaubens je nach der Altersstufe zu einem denkenden und verstehenden Glauben hin ausgeweitet werden müssen, ist für einen echten Unterricht eigentlich selbstverständlich. Unterricht selbst ist nicht „Gottesdienst", aber er kann und darf zum Gottesdienstlichen hinführen und das in gottesdienstlichen Vollzügen Erfahrene materialiter und formaliter reflektieren, begründen und in das Gesamtgefüge eines religiösen Daseinsverständnisses und Lebensvollzuges einordnen. Entsprechend der geistigen und religiösen Situation der Schüler muß der didaktische Aufbau und die Gesamtstruktur des Religionsunterrichtes ihren jeweiligen Schwerpunkt so setzen und ihren Ansatz so wählen, daß die Schüler Schritt für Schritt zu einer positiven und offenen Haltung gegenüber dem Religiösen, dem Christlichen und dem Kirchlichen geführt werden. Heimliche oder offene Vorbehalte herunterzuspielen oder überspringen, wäre eine unzulässige Vereinfachung des Unterrichtsgeschehens. Der Freiheitsraum dieses Unterrichts muß voll gewahrt bleiben.

V. DIE SCHULE ALS ORT DES RELIGIONSUNTERRICHTS

Die alte Pädagogik sagte gern: Non scholae, sed vitae discimus — Wir lernen nicht für die Schule, sondern für das Leben! Wer bestimmte Diskussionen heute zur Kenntnis nimmt, kann den Eindruck haben, als habe die Schule ihren medialen, ihren dienenden Charakter weithin vergessen. Ein eigenartiges übersteigertes Selbstbewußtsein scheint aus den Äußerungen einiger Schultheoretiker zu sprechen. Ein schultheoretischer Narzißmus wird wiederum von anderen leidenschaftlich bekämpft. Hier redet man vom Ende des „schulischen Zeitalters" in einem ähnlichen Sinne wie man oft vom Ende des feudalen oder des christlichen Zeitalters spricht.

Die Diskussion um den Religionsunterricht pendelt zwischen diesen beiden Positionen hin und her. Eine Gruppe von Religionspädagogen sieht das Heil einer besseren Konzeption dieses Unterrichts grundsätzlich in einer Begründung von der Schule her. Man akzeptiert die modische Schultheorie mit ihrem gehobenen Selbstverständnis mit Haut und Haaren. Wie soll man sonst auch seinen Auftrag und seine Arbeit in einem System anerkannt finden, das offenbar von seiner einzigartigen Bedeutung und seiner singulären Funktion so tief überzeugt ist. Und gerade diese Überzeugung wird von anderen heftig angegriffen, die die Schule als „heilige Kuh" der industriellen Gesellschaft apostrophieren und ihr gegenüber neue Formen außerschulischer Bildung aufbauen möchten. Es geht diesen Kritikern um die „Einsicht, daß das Schulwesen die Bildung entwürdigt hat, wie zu anderen Zeiten die Kirche antichristlich wurde oder Israel dem Götzendienst verfiel"[1]. Hier kann Religionsunterricht nur eine kritische Funktion gegenüber einer dem Systemzwang unterworfenen Schule dieser Gesellschaft haben.

Ein didaktischer Entwurf für den Religionsunterricht an beruflichen Schulen betont mit Recht: „Der Religionsunterricht versteht sich als Unterrichtsfach im Gefüge der verschiedenen Fächer. Er ist nach Form,

[1] *I. Illich,* Schulen helfen nicht. Über das mythenbildende Ritual der Industriegesellschaft, Hamburg 1972, 17.

Methode, Arbeitsweise und Zielsetzung wirklicher Unterricht"[2]. Unverkennbar geht die Formulierung „wirklicher Unterricht" gegen die mißverständliche Deutung von kirchlicher Verkündigung in der Schule an, wie sie nicht selten in der Diskussion angegriffen wird. Schulischer Unterricht wird als Bildungshilfe verstanden, die dem Schüler „Welt in ihren Bereichen und Dimensionen" erschließen will, damit er lernt, „sach- und sinngerecht mit ihr umzugehen und sie in kritischer Auseinandersetzung mitzugestalten"[3]. Der Beitrag des Religionsunterrichts wird dahingehend formuliert, daß er Wirklichkeit „im Hinblick auf die letzten Sinnfragen des Menschen" erschließt und damit „wesentlich zur Integrierung aller Fächer der Schule im Sinne ihres Bildungsauftrages" beiträgt[4]. Im Religionsunterricht geht es nicht um einen Teilbereich der Wirklichkeit, sondern „um die Wirklichkeit als ganze, diese aber speziell in ihrer Tiefendimension". Von der Frage nach dem letzten Sinngrund schreitet der Plan weiter zur besonderen Intention des christlichen Religionsunterrichts, der „als Antwort auf die Sinnfrage des Menschen vor allem die christliche Botschaft" erschließen will. Der katholische Religionsunterricht wiederum wird dahingehend verstanden, daß er den Schwerpunkt auf „das katholische Verständnis der christlichen Botschaft" legt und die sich daraus ergebende Sinndeutung von Mensch und Welt thematisiert[5].

In der näheren Bestimmung der Ziele wird gesagt, ehe die Frage nach dem letzten Sinngrund gestellt werden könne, müsse dem Schüler der eigenständige Sinngehalt der einzelnen Wirklichkeitsbereiche erschlossen werden. Diese Arbeit sei nicht „Vorfeld" des eigentlichen Religionsunterrichts, sondern notwendiger und legitimer Bestandteil dieses Unterrichts[6].

Wer selbst Jahre hindurch Religionsunterricht an der Berufsschule durchführte und Studenten in ihn einführte, weiß um die Kurzschlüssigkeit eines „rein religiösen" Unterrichts, aber auch um die Möglichkeit des Ausuferns einer Darstellung der Sinngehalte aller Wirklichkeitsbereiche.

---

[2] Die Arbeit am Rahmenplan für den katholischen Religionsunterricht an berufsbildenden Schulen, in: Religionspädagogik an berufsbildenden Schulen, Beiheft zu den Kat. Bl. 1 (1969) 17—25, hier: 19.

[3] A.a.O.

[4] Ebd.

[5] Ebd. 20.

[6] Ebd. 21.

Der Grundfehler jenes vergangenen, an der dialektischen Theologie irgendwie orientierten Religionsunterrichts bestand sicher darin, daß man nicht selten „ohne Rücksicht auf Verluste", d. h. ohne den psychologischen und gegenständlichen Anknüpfungspunkt hinreichend zu berücksichtigen, die Botschaft einbrachte, weil man meinte, die Sache führe sozusagen „von selbst" zur rechten methodischen Aufarbeitung. Der weite Weg der Konfrontation mit der christlichen Botschaft wurde in unzulässiger Weise verkürzt, ja diese selbst einseitig in Gegensatz gestellt zur Wirklichkeit. Die augenblickliche Gefahr aber kann dort gesehen werden, wo man vor lauter „legitimer" Wirklichkeitserschließung der Sach- und Fachgebiete, vor lauter Weltoffenheit und Weltbezogenheit Gott als Daseinsgrund nicht in den Blick bekommt und seine Offenbarung zu wenig als die entscheidende Antwort auf die Fragen des Menschen einbringt.

Im Zusammenhang unserer Frage nach dem Ort des Religionsunterrichts muß darauf aufmerksam gemacht werden, daß Bildungsauftrag und Lernprozeß im schulischen Geschehen nicht ignoriert werden dürfen. Der Religionsunterricht muß sich mit den Globalzielen des schulischen Unterrichts auseinandersetzen, hat die Querverbindung zu den anderen Fächern zu beachten, aber er kann auf die ihm eigenen Ziele und Strukturen keineswegs verzichten. Die Gefahr eines Horizontalismus, der Gott nur im Mitmenschen und einseitig im sozialen Engagement gegenwärtig sieht, ist nicht gering. Der Dialog mit der Welt ist nur für den Glaubenden ein Dialog mit Gott. Und dieser Dialog mit Gott ist faktisch durch die Säkularität einer gottfernen Welt außerordentlich erschwert.

Die heute nicht selten zu findende Reduzierung der Wirklichkeit auf Eigenwelt, Mitwelt und Umwelt und die Polemik gegen eine „an unsere Wirklichkeit" angrenzende Überwelt, wie sie von *Halbfas*, *Sartory* und anderen vorgetragen wird, ist für den katholischen Religionsunterricht nicht mitvollziehbar. Denn Gott ist nicht nur in uns und nicht nur innerweltliche „Tiefe", er ist entsprechend der biblischen Sprache und der kirchlichen Botschaft immer und zuerst auch personales Gegenüber und transzendente Wirklichkeit „über uns" und „vor uns"[7].

---

[7] Zu einem Aufsatz von *A. Vogt*, der sich in sehr unkritischer Weise die Grundthesen von *H. Halbfas*, *Th. Sartory* und anderen zu eigen macht, vgl. *B. Lakebrink*, Moderne Theologie im Religionsunterricht, in: Vierteljahrsschrift für Wiss. Pädagogik 47 (1971) 140—151, bes. 140 ff. Der Ab-

Ist Schule der „Ort“ des Religionsunterrichts, dann bietet fraglos die heutige kritische und wissenschaftsbetonte Didaktik legitime Möglichkeiten, entsprechend dem Reifegrad der Schüler, auch die heimlichen und offenen Voraussetzungen sowohl des modernen Positivismus als auch der sie bekämpfenden „kritischen Theorie“ im Religionsunterricht im Blick auf deren Folgen für das religiöse Verständnis ins Spiel zu bringen.

Der moderne Positivismus bietet fraglos ein verkürztes humanes Selbstverständnis, das auf dem Wege über manche Fachbereiche und ihrer Methodologie auch in der Schule präsent wird. Wird Wirklichkeit auf quantifizierbare, in Formeln wiederzugebende Größen reduziert, dann bleibt es nicht aus, daß der Blick auf die nicht quantifizierbaren Realitäten mit der Zeit zurücktritt und vergessen wird. Dann kommt man rasch dahin, daß Gewissen im Sinne von *Freud* und seinen mehr oder weniger kompetenten Nachfolgern nur noch als „Über-Ich“, als internalisierte Vaterautorität, als Dressat oder als zu überwindende Hemmung verstanden wird. Ist Religion letztlich nur ein Produkt menschlicher Sehnsucht und Hilflosigkeit, oder ist gar der Absolutheitsanspruch religiöser Wahrheit Ursache von Repression, Intoleranz und Fanatismus, dann kommt man selbstverständlich dahin, eine Humanität ohne Gott und in betonter Distanz zum christlichen Glauben als einzige Möglichkeit menschlicher Daseinsverwirklichung zu begreifen. Die Vereinfachung höchst komplizierter psychischer, sozialer und historischer Phänomene auf faßliche und überschaubare Grundlinien, wie sie die Schulddidaktik notgedrungenerweise immer versucht, hat hier zusammen mit der Gefahr primitiver Vereinfachung oft zu Voreingenommenheit und Vorurteilen geführt,

---

schied von der „klassischen Metaphysik“ (vgl. B. Lakebrink, Klassische Metaphysik, Freiburg 1967) ist keineswegs so problemlos, wie eine Reihe zeitgenössischer Religionspädagogen zu denken scheinen. Jeder philosophische Neuansatz muß kritisch auch auf seine Vereinbarkeit mit dem Glauben bzw. auf seine Aussagefähigkeit hin gegenüber der Offenbarungsbotschaft und deren Kernaussagen überprüft werden, ehe man versucht, mittels dieses Neuansatzes eine völlig „neue Theologie“ zu entwerfen. Der Offenbarungsgehalt als negatives Kriterium menschlichen Denkens sollte auch heute nicht einfach bei Seite geschoben werden. Das zeitgenössische Vorverständnis kann und darf nicht mit seiner möglichen Enge und Verarmung maßgebliches Auswahlprinzip für Stoff und Strukturen des Religionsunterrichts sein. Hier ist in den letzten Jahren ein Erdrutsch geschehen, dem ganze Gruppen auch katholischer Religionspädagogen zum Opfer gefallen sind.

die den Zugang zum Religiösen und zum Christlichen außerordentlich erschweren.

So sehr heute in überraschender Weise gelegentlich die „kritische Theorie“ von der „Sehnsucht nach ganz Anderem“ zu reden weiß[8], es kann kaum übersehen werden, daß auch hier von einem ganz bestimmten Freiheits- und Daseinsverständnis her Vorentscheidungen getroffen werden, die den Blick auf eine nüchtern-gläubige Weltsicht im Sinne christlichen Denkens wesentlich erschweren. Die Fixierung der Schule auf das Globalziel „Emanzipation“ bewirkt fraglos eine Distanz zu jeder Autorität und jedem nicht unmittelbar einsichtigen Wahrheitsanspruch und dem Individuum unbequem Ethos. Die Utopie einer infolge der technischen Möglichkeiten von uns Menschen machbaren schöneren Welt ohne den harten Zwang zu Arbeit und Anstrengung hat zwei Konsequenzen. Zum ersten führt sie dahin, daß junge Menschen meinen, jede Konzentration und jede mühsame Arbeit könne eingespart werden. Wo Derartiges aber verlangt werde, sei es das „System“ einer inhumanen Welt von gestern, gegen das man angehen müsse. Zum anderen aber schafft diese Utopie eine Grundeinstellung, die ohne jedes Verständnis für jene grundlegenden Momente des christlichen Glaubens ist, die wir als Freiheit aus Gehorsam und Hingabe an den Vaterwillen Gottes bezeichnen müssen. Christlicher Glaube kann für viele, die dieser Utopie zum Opfer gefallen sind, höchstens als verderbliche Kaschierung des wirklich Sozial-Bösen und als Hindernis für eine revolutionäre und radikale Veränderung der Welt verstanden werden.

Gleichwohl darf der christliche Religionspädagoge diese Vorgegeben-

---

[8] *M. Horkheimer* hat in seinem Interview (*M. Horkheimer,* Die Sehnsucht nach dem ganz Anderen, ein Interview mit Kommentar von *H. Gumnior,* Hamburg 1970) eine überraschende Nähe zum katholischen Denken, aber auch die Unmöglichkeit des Glaubens an das Dogma von der Existenz eines allmächtigen und allgütigen Gottes für ihn zum Ausdruck gebracht. Sein philosophischer und theologischer Ansatz enthüllt sich als abgrundtiefer Pessimismus: „Man wird das Theologische abschaffen. Damit entschwindet das, was wir ‚Sinn‘ nennen aus der Welt. Zwar wird große Geschäftigkeit herrschen, aber eigentlich sinnlose, also langweilige. Und eines Tages wird man auch die Philosophie als eine Kinderangelegenheit des Menschen betrachten. Vielleicht schon in naher Zukunft wird man von dem, was wir mit allem Ernst in diesem Gespräch getan haben, über die Beziehungen von Transzendentem und Relativem spekulieren, sagen, es sei läppisch. Ernsthafte Philosophie geht zu Ende.“ L.c. 88 f.

heiten, wie sie heute im schulischen Raum überall zu finden sind, nicht einfach hinnehmen und passieren lassen.

Im zwischenfachlichen didaktischen Dialog muß katholische Religionspädagogik die Fragestellung der Stunde aufgreifen, aber auch zu einer überzeugenden Darstellung und Begründung ihres eigenen Ansatzes und Zieles hinfinden. Hier bereits sind die Denkvoraussetzungen, die rationalen und emotionalen Vorgegebenheiten aller Positionen kritisch aufzudecken und zu durchleuchten. Die Diffamierung des „Konfessionellen" als totalitäre Gestalt eines widerchristlichen und antibiblischen Denkens muß im Sinne einer kritischen Abgrenzung, wie sie im ersten Abschnitt dieser Schrift versucht wurde, im Dialog angegangen werden. Je mehr es sich zeigt, daß unsere Situation zu schlagwortartigem, emotionalem Denken neigt, um so schwieriger wird für den Religionspädagogen die Aufgabe, sein Anliegen und seine Sache so ins Gespräch einzubringen, daß ihr Anspruch auch dem durch die Emotionen und Schlagworte der Stunde Fixierten verständlich wird. Ob das bei Menschen gelingen kann, denen jede religiöse Erfahrung abzugehen scheint, kann bezweifelt werden. Wer „religiös absolut unmusikalisch" ist, hat vielleicht aus Erinnerung oder infolge der Begegnung mit anderen dennoch bei hinreichender Offenheit für Wesentliches eine Möglichkeit sich in eine Wirklichkeit oder Erfahrung hineinzudenken, die ihm inzwischen fremd wurde, oder nach der er irgendwie dennoch so etwas wie Hunger verspürt[9].

Die konkreten didaktischen Entwürfe und Wege müssen fraglos von der tatsächlichen geistigen und religiösen Situation der Schüler ausgehen und die offen oder unausgesprochen vorhandenen Fragen aufgreifen und beantworten. Die Fragen aufzugreifen, ist nicht allzu schwierig — aber ihren oft vordergründigen und oberflächlichen Ansatz zu der notwendigen Tiefe hinführen, das verlangt didaktisches und methodisches Können.

[9] *Klaus Onasch,* Opium der Schüler oder Wahlfach der Avantgarde, Religionsunterricht und Schulreform, Wuppertal-Barmen 1970, möchte als Alternativlösung gegenüber der Abschaffung des Religionsunterrichtes oder seiner Umwandlung in „Religionskunde" den Religionsunterricht wegen seiner Sonderstellung zum Motor der Schulreform machen, indem innerhalb eines „arbeitsteiligen Kurssystems" katholischer und evangelischer Religionsunterricht zusammen mit Philosophie etc. Unterrichtsangebote bieten, zusammenarbeiten und Ergebnisse austauschen. Der Autor weiß, daß sich derartige Angebote und Arbeitsweisen nur auf der Mittel- und Oberstufe durchführen lassen. Man sollte so etwas zunächst einmal an einzelnen Schulen ausprobieren, ehe man generell dieses Modell einführt.

Eine des Blickes in die Vergangenheit ungewohnte Denkweise sollte dennoch wenigstens sporadisch auch mit exemplarischen Situationen von gestern konfrontiert werden, die Chancen und Gefahren von Umbruchszeiten und ihren Anspruch an den einzelnen und die Gesellschaft erfahren. Daß Christen auch früher bereits die Welt zu ändern versuchten und „kritisch" ihre Stunde sahen, kann die Begegnung etwa mit dem Reformkatholizismus der humanistischen Epoche gut verständlich machen[10]. Ein anderes Beispiel, das die Gefahren eines radikalen Utopismus mit religiös-ideologischer Verkleidung anschaulich darbietet, sind die Wiedertäufer in Münster. Gegenüber dem ursprünglichen Apolitismus der Schweizer Täufergemeinden, die eine Freiwilligenkirche aus freier Entscheidung und eine vollständige Trennung von Kirche und Staat anstrebten und realisierten, versuchte eine niederländische Gruppe das „Reich Gottes" mit menschlichen Mitteln und politisch als Gegenentwurf gegen den Feudalismus der Vergangenheit in die Tat umzusetzen. Die Stunde schien ihnen gerade in Münster günstig für ihre Propaganda und Predigt zu sein. Der ansteckende Enthusiasmus und die sozialen Spannungen führten zum Erfolg. Man gewann beim Marsch durch die Institutionen die Mehrheit im Rat und das Amt des Bürgermeisters. Was folgte, war nackte Gewaltherrschaft verbunden mit sexueller Revolution. Ein Traum von Weltherrschaft unter christlichem Vorzeichen mit Gemeinschaftseigentum und Vielweiberei. Das Königreich Zion währte keine zwei Jahre; sein Ende war so blutig wie seine Realisierung. Lernziele dieser kirchengeschichtlichen Unterrichtsdarbietung könnten die Ursachen und Motive der Wiedertäuferbewegung zum Gegenstand haben, aber auch die Ursachen ihres Scheiterns und die fehlende christlich-theologische Tiefe eines mehr am Alten Testament und seiner Theokratie als am Christentum der Bergpredigt orientierten utopischen Versuches einsichtig zu machen versuchen[11].

Während der Geschichtsunterricht vorzüglich das Geschehen selbst und seine soziale Hintergründigkeit umfassend darzustellen und auszuloten hat, obliegt dem Religionsunterricht eine Analyse des theologischen Überbaues und die Bewertung anhand christlicher Grundkategorien. Welche Tiefe und welche Möglichkeiten bestehen für eine Veränderung der Welt aus christlichem Glauben und christlicher Ver-

---

[10] Vgl. Kat. Bl. 93 (1968) 641—646.
[11] Ein Entwurf dieser Kirchengeschichtsstunde wird in Kürze veröffentlicht.

antwortung? Was hat christlicher Glaube mit dem öffentlichen Leben und mit Politik zu tun? In einer weiteren Stunde könnte auch das so eminent „politisch“ effektive Wirken eines *Clemens August,* Bischof von Münster, unter Einbeziehung des von *Luise Rinser* gestalteten Dokumentarspiels „Weder Lob noch Furcht“ (Der Löwe von Münster) unterrichtlich aufgegriffen werden. Auch dieses Thema müßte zu den letzten Gründen und Motiven eines Handelns hinführen, das Widerstand wagt, wo es lebensgefährlich war und alle Wahrscheinlichkeit für einen Fehlschlag dieses Wirkens sprach[12].

Die nur knapp angedeuteten Themen und Projekte zeigen, wie im Religionsunterricht Themen vertieft werden sollten, die im profanen Geschichtsunterricht bereits behandelt sein könnten. Gleichzeitig wird hierdurch das Kernthema von Glaube und Lebensvollzug, von religiöser „Theorie“ und „Praxis“ thematisiert und abgeklärt. Kirchengeschichte wird keineswegs zur Apotheose der Kirche als Institution, sondern zur Konfrontation mit Christen, die in entscheidenden Stunden überlegten, handelten und in Fehlansätzen oder in Gewissenstreue zu ihrer Zeit und ihren Fragen Stellung bezogen.

Religionsunterricht in Kirchengeschichte vollzieht jene bekannte Forderung auf fächerübergreifende Zusammenarbeit und eine dem Eigenstand des Religionsunterrichts entsprechende Motivation gegenwartsbezogener religiöser Ethik. Denn im Religionsunterricht geht es immer noch um das recte vivere iuxta rectam fidem, wie es in einer kritischen Stunde *Erasmus von Rotterdam* formulierte[13].

---

[12] Unterrichtsmaterial bieten die Bände *H. Portmann,* Dokumente um den Bischof von Münster, Münster 1948; *M. Bierbaum,* Nicht Lob — nicht Furcht, Münster 1955 (mit Literatur).

[13] „Ut iuxta rectam fidem recte vivamus“ heißt es in der 1533 für England geschriebenen „Explanatio symboli apostolorum, decalogi praeceptorum et orationis dominicae“ (Erasmi opera, Leiden 1704 — Nachdruck London 1962 V, 1181 A). Vgl. meine Arbeit, Erasmus als Katechet, Freiburg 1956, 76. Gegen *K. Bornkamm,* Das Verständnis christlicher Unterweisung in den Katechismen von Erasmus und Luther, in: Zeitschrift f. Theologie und Kirche 65 (1968), 204—230 möchte ich an meiner These festhalten, daß die Grundstruktur der Erasmischen Katechismen der Heilsweg eines durch die Liebe wirkenden Glaubens ist im Sinne des hier zitierten Satzes aus der VI. Katechese.

VI. RELIGIONSUNTERRICHT UND THEOLOGIE

Jacques Maritain sagt ironisch in seinen Vorlesungen an der Yale-Universität, immer wieder hieße es, um John Mathematik beibringen zu können, sei es wichtiger, etwas von John als von Mathematik zu verstehen. *Maritain* meint dazu, das werde dahin führen, daß der Lehrer zum Schluß John vollkommen kenne, John aber niemals die Mathematik. Der große Franzose warnt davor, den Gegenstand zu vergessen und an seiner Stelle den Kult der Mittel unter Vernachlässigung aller Ziele in einer psychologischen Verehrung des Subjektes enden zu lassen.

Auf die Bedeutung jugendkundlicher Erkenntnisse und die Wichtigkeit einer religionspsychologischen und soziologischen Situationsanalyse der heutigen Jugend hinzuweisen, war sicher im Blick auf die stark theologische Orientierung der jüngsten Religionspädagogik notwendig[1]. Vergessen werden sollte allerdings nicht, daß auch in der Epoche der sogenannten kerygmatischen Katechese, jedenfalls im katholischen Bereich, mit allem Nachdruck auf das jugendpsychologische Grundanliegen moderner Lehrplangestaltung für den Religionsunterricht aufmerksam gemacht wurde[2]. Die zweibändige Jugendkunde von *Theoderich Kampmann* ist der erst spät zur Veröffentlichung gelangte, in Jahrzehnten gewachsene und dem Paderborner Lehrplan zugrunde liegende Entwurf einer im Gespräch mit anderen Fachwissenschaften entstandenen Besinnung auf eine alters- und jugendgemäße Religionspädagogik[3]. Die Bemerkung bei *Theodor Wilhelm,* die von *Werner Loch* gerügte „Vernachlässigung des Kindes in der evangelischen Pädagogik" müsse mit mindestens dem gleichen Rechte auch von der ka-

---

[1] Hier begegnen sich die Grundanliegen von *W. Loch,* Die Verleugnung des Kindes in der Evangelischen Pädagogik, Essen ²1968, und *E. Paul,* Das Ende einer theologisch deduzierten Katechetik, in: Th. Q. 150 (1970) S. 214—228.

[2] Vgl. *H. Strunz,* Katechetumenat und Ganzheitsbildung, Paderborn 1948.

[3] *Th. Kampmann,* Jugendkunde und Jugendführung, München I 1966, II 1970.

tholischen Pädagogik behauptet werden, bedarf einer Einschränkung[4].

Dort, wo heute aber lautstark eine Enttheologisierung des Religionsunterrichts verlangt wird und vor lauter Hinwendung zu den Humanwissenschaften der theologische Aspekt des Religionsunterrichts vergessen oder bei Seite geschoben wird, muß ein Einspruch erfolgen.

Wer wird im Namen der Pädagogik für den Mathematikunterricht eine „Entmathematisierung" oder für den Lateinunterricht eine „Entlatinisierung" verlangen? Grundsätzlich muß von drei zentralen Faktoren des Unterrichts gesprochen werden. Da ist der Schüler, der lernen will und lernen soll. Da ist der Gegenstand des Unterrichts, mit dem er sich konfrontiert sieht und da ist der Lehrende, der dem Schüler den Weg zum Gegenstand bahnen soll oder den Gegenstand ihm erschließen soll. Für den Schüler sind fraglos jene Aspekte bedeutsam, die sein Alter, seine geistige Kraft und Interessenlage, seine Individualität usw. ins Spiel bringen. Hier haben die Humanwissenschaften, für den Religionsunterricht auch die Religionssoziologie mit ihrer Hinwendung zum Jugendlichen ihre große Bedeutung. Der Lehrende wiederum muß mit den genannten Aspekten vertraut sein, gleichzeitig aber auch fachlich entsprechend vorgebildet sein. Damit aber kommen wir zur normativen Bedeutung der Theologie für den Religionsunterricht. Den Anspruch der Religion, den Horizont des Glaubens kann nur jemand erschließen, der fachlich, d. h. theologisch qualifiziert ist. Mit Pädagogik und Methodologie allein läßt sich kein Unterricht durchführen.

Hier wird nun der Einwand hörbar, nicht Theologie, sondern Religionswissenschaft müsse in Zukunft in der Vorbildung der Religionslehrer seinen Platz haben. Mit der „konfessionellen" Schule falle auch der Sinn der Theologischen Fakultät dahin. An ihre Stelle müßten religionswissenschaftliche Fachbereiche an den Universitäten treten[5]. Zugegeben, daß zu den Gegenständen des Religionsunterrichts auch die Bezugnahme auf die religiöse Grundwirklichkeit im Menschen, auf die außerchristlichen Religionen gehören kann und soll, wer kann denn für den katholisch-theologischen Bereich im Ernst behaupten,

---

[4] *Wilhelm* a.a.O. S. 303.

[5] Vgl. *H. Halbfas*, Von der Theologie zur Religionswissenschaft, in: Aufklärung und Widerstand, Stuttgart-Düsseldorf 1971, S. 79—87; vorher bereits: *J. Kahl*, Das Elend des Christentums, Hamburg ^{1}1968, S. 125 f.

all das habe hier nie einen Platz gehabt? Die Fundamentaltheologie war immer der Ort, wo diese Fragen in wissenschaftlicher Weise behandelt wurden. In jüngster Zeit hat gerade die Laacher Mysterienlehre mit großem Nachdruck auf die Fragen des religiösen Symbols auf Parallelen religionsgeschichtlicher Herkunft aufmerksam gemacht. Wer hier glaubt, einen völlig neuen Gesichtspunkt zu bieten, der kennt sich nicht genügend in der Fundamentaltheologie und in der jüngsten Theologiegeschichte aus[6].

Nur ein einseitiger, praxisfremder und praxisferner Wissenschaftsbegriff kann dazu verführen, innerhalb der „wissenschaftlichen" Schule einen rein theoretisch konzipierten Religionsunterricht zu fordern. Religion ist aber nicht „Ideologie", sondern in eminentem Sinne Praxis, die den Menschen und sein Handeln verändert. Übrigens sollten die Vertreter der 2. oder 3. Aufklärung sich an die Diskussionen um die Theologie und ihren Wissenschaftscharakter in der Epoche der ersten Aufklärung und des Deutschen Idealismus erinnern, wo *Schleiermacher* mit großem Scharfsinn und Geschick den praktischen Charakter der gesamten Theologie ins Feld führte, indem er den Begriff einer positiven Wissenschaft gegen eine bloß rational d. h. spekulativ arbeitende einführte. Das Bezogensein der Theologie auf Kirche, bzw. kirchliche Führungsaufgaben garantiert ihre innere Einheit bei *Schleiermacher*. Gegenstand der Theologie ist also die Kirche in ihrer Geschichtlichkeit; ihre praktische Zweckbestimmung ist Voraussetzung ihrer gesamten Bemühung. Sie kommt aber speziell in jener Fächergruppe zum Zuge, die man heute allgemein wieder „praktische Theologie" nennt[7].

In einem Lande, wo sich über 90 % der Bevölkerung zu den beiden großen christlichen Bekenntnissen zählen lassen und diese durch ihre Steuern und Spenden zu Trägern eines weltweiten Wirkens befähigen, kann man die Kirchen weder in der Öffentlichkeit, noch im Bildungswesen so ausschalten, wie es manche Kirchenkritiker offenbar gern

---

[6] Geradezu peinlich waren gewisse Vereinfachungen gerade in der 1. Auflage der von *G. Otto* herausgegebenen schulpraktischen Handreichung „Sachkunde Religion", Hamburg-Düsseldorf ^{1}1969. Vgl. meine Rezension, in: Der Evangelische Erzieher 22 (1970) S. 247—249; Christlich-Pädagogische Blätter 83 (1970) S. 327—330.

[7] Vgl. *W. Birnbaum*, Theologische Wandlungen von Schleiermacher bis Karl Barth, Tübingen 1963; *E. Jüngel*, Das Verhältnis der theologischen Disziplinen untereinander, in: *E. Jüngel, K. Rahner, M. Seitz*, Die Praktische Theologie zwischen Wissenschaft und Praxis, München 1968, S. 11—45.

möchten. Die christliche Theologie entspricht mit ihrer Präsenz an den Universitäten ebenso wie der Religionsunterricht in den Schulen einer gesellschaftlichen Realität: eben der Präsenz der Kirche und ihrer Wirksamkeit in dieser Gesellschaft. Es ist nicht wenig amüsant, wie die großen Parteien sich gerade im Blick auf Wahlkämpfe bemühen, zu den Kirchen ein möglichst entspanntes Verhältnis zu haben und mögliche Differenzpunkte gern herunterspielen.

Anstelle der Theologie die Religionswissenschaft als Basis des Religionsunterrichts einzuführen, hieße eine distanzierte, rein beschreibende und wertneutrale Methode dort wählen, wo es im Letzten um Betroffenheit und Engagement geht. Zwei Gefahren wären hier möglich: Zum ersten müßte die Distanz und kritische Reserve zur Sache der Religion auch bei Schülern sich in dem Sinne auswirken, daß man dem Gegenstand bereits unbewußt in einer Kühle und Ferne gegenübersteht, die jede Möglichkeit einer Begegnung mit ihrem Wert und ihrer Wirklichkeit ausschließt. Zum anderen ist die Gefahr nicht von der Hand zu weisen, daß sich im Namen der Wissenschaft gerade jene als Lehrer in dieses Fach hineindrängen könnten, die betont die Fahne der Religionskritik schwenken möchten. Beides würde dahin führen, daß die Freiheit, religiös zu denken und sich für die Religion zu entscheiden, eher gefährdet als gefördert würde. Man sollte nicht vergessen, daß vor wenigen Jahrzehnten einmal die Parole ausgegeben wurde, gebt den Religionsunterricht nicht aus der Hand, aber benutzt ihn, um ihn antisemitisch und echt nationalsozialistisch auszurichten[8]. Ein „umfunktionierter Religionsunterricht“ in der Hand von Lehrern mit Ressentiments gegen Religion und Glaube, würde es den Christen unmöglich machen, an solch einem Unterricht teilzunehmen oder ihre Kinder daran teilnehmen zu lassen. Wortlaut und Absicht der grundgesetzlich geschützten Intention wären in ihr Gegenteil verkehrt.

Ein Religionsunterricht, der die theologische Normierung ablehnt und alle, Christen und Atheisten, Juden und Moslems, Buddhisten und Tibetaner, Shintoisten und Anhänger afrikanischer Naturreligionen unterrichten wollte, sähe sich vor unabsehbaren didaktischen und methodischen Schwierigkeiten. Denn die Religionskritik eines

---

[8] Ehe man Lehrende versucht, zur Niederlegung des Religionsunterrichts zu veranlassen, gab es eine Zeit, wo man im genannten Sinn ihnen sagte, das Kreuz in der Schule und der Religionsunterricht seien eine Chance, die Kinder über das Judentum im Sinne der Partei aufzuklären.

überzeugten atheistischen Humanisten und die Religiosität eines gläubigen Moslem, der Glaube eines Katholiken und die religiöse Überlieferung eines Inders, die Bibeltreue eines Protestanten und die Frömmigkeit eines Tibetaners würden zu derartigen Sprachunterschieden und begrifflichen Gegensätzen führen, daß ein Unterricht im Sinne einer echten Kommunikation kaum möglich, geschweige denn fruchtbar sein würde. Grunderfahrung, Vorstellungswelt, Begrifflichkeit und Wertungen wären so gegensätzlich, daß ein unterrichtlicher Dialog, eine kommunikative Verhandlung kaum möglich wären. Das Endergebnis würde weithin Resignation und Indifferentismus sein. Auch hier zeigt sich für den nüchternen Blick eines Schulpädagogen, wie unrealistisch manche Schreibtischideen sind[9].

In gewissen kritischen Äußerungen wird energisch gegen eine angeblich einseitige und exclusive *deduktive* Struktur des Religionsunterrichts Front bezogen. Man klagt, es werden ständig, und zwar von immer neuen theologischen Entwürfen her, theologische Positionen in didaktische Postulate nachträglich umgemünzt und dem „Praktiker an den Kopf geworfen“[10].

Hier wird man genauer unterscheiden müssen. Theologie im heutigen Verständnis ist Reflexion des Glaubens. Reflektierter oder denkender Glaube aber ist Voraussetzung eines verantwortlichen religionspädagogischen Handelns. Nun gibt es innerhalb der christlichen Bekenntnisse jeweils legitime theologische Entwürfe, aber fraglos auch illegitime. Für Inhalt, Schwerpunktbildung und Wertungen des Religionsunterrichtes liegen an diesem Punkt die Grundentscheidungen — selbstverständlich neben der Frage nach dem für dieses Alter und diese religiöse und geistige Situation Gemäßen und Notwendigen.

Religionsunterricht ohne eine reflektierte und theologisch verantwortbare Klarheit über Inhalt und Ziel und didaktische Struktur einer Stundeneinheit oder eines Kurses ist unmöglich. Jeder Lehrende muß im Religionsunterricht sein Tun pädagogisch, aber auch theologisch verantworten können. Das eine geht nicht ohne das andere. Eine „Enttheologisierung“ ist um der Sache willen, die verhandelt werden soll, ebenso unmöglich wie eine „Entpädagogisierung“, wie sie früher gelegentlich allen Ernstes von Vertretern einer radikalen theologischen

---

[9] Wie will man vor Blinden und Sehenden über „Farbe“ und „Licht“ sprechen? Wo jede gemeinsame Grunderfahrung fehlt, ist Unterricht einfach nicht möglich.

[10] So *E. Paul,* Das Ende einer theologisch deduzierten Katechetik, l.c. 224.

Akzentuierung vorgetragen wurde. Müssen wir immer von einem Extrem ins andere fallen? Können wir nicht beide Pole miteinander in einen fruchtbaren Spannungsbogen verbinden?
Eine theologische Normierung im Blick auf den Gegenstand des Religionsunterrichts ist nicht identisch mit dem, was man Deduktion nennt. Das gilt für die Theoriebildung wie für die Praxis einer sachgerecht vorgehenden Religionspädagogik. Was die religionspädagogische Theorie angeht, nach der heute so viele rufen, so kann man nicht aus theologischen Obersätzen oder aus theologischen Prinzipien auf *deduktivem Wege* konkrete Leitlinien oder Maximen folgern. Hier gilt in ähnlicher Weise das, was *Hans-Eduard Hengstenberg* vor Jahren einmal gegenüber dem Verhältnis von Philosophie und Pädagogik formulierte[11]. Theologie schafft ein Problembewußtsein, eine sachliche Grundorientierung, die erst durch ihren Horizont und ihre Aspekte einen verantwortbaren Unterricht ermöglicht. Religionsunterricht ist nicht „angewandte Dogmatik". Aber theologische Reflexion vermag zu „determinieren", gibt die Fähigkeit, Konturen zu erkennen und Grenzen zu sehen. Nicht „per conclusionem", sondern „per determinationem" wirkt Theologie auf religionspädagogische Entscheidungen, auf Lernziele, Lehrplanstrukturen, unterrichtliche Projekte und Wege ein. Eine ökumenisch ausgerichtete katholische Theologie wird, um konkret zu werden, auch im Religionsunterricht heiße Eisen, wie die Reformationszeit in der Kirchengeschichte, mit Takt und unpolemisch behandeln, ohne das katholische Kirchen- und Glaubensverständnis der großen theologisch relevanten Überlieferung dabei infragezustellen[12].

---

[11] *H. E. Hengstenberg*, Philosophie und Erziehungswissenschaft im Studium des Volksschullehrers, in: Vierteljahrsschrift für wissenschaftl. Pädagogik 33 (1957) S. 77—99. *Hengstenberg* ordnet innerhalb seines Entwurfes eines erziehungswissenschaftlichen Systems Pädagogik und Didaktik wie zwei Brennpunkte einer Ellipse einander zu. Die philosophische Besinnung aber, die beide „transzendiert", ist einheitliche Grundlage für beide und gewährleistet ihre Integration trotz ihrer polaren Spannung. Die philosophische Meditation schafft eine „Erkenntnishaltung", die für die pädagogische und didaktische Situation bedeutsam ist.

[12] Hierzu mag als beispielhafte Orientierungshilfe ein Aufsatz des Kirchenhistorikers *Josef Lortz* genannt werden: „Kirchengeschichtlicher Unterricht und ‚Una Sancta'", in: Unio Christianorum, Lorenz-Jaeger-Festschrift, Paderborn 1962, S. 437—450. Für *Lortz* ist kennzeichnend, daß er Kirchengeschichte keineswegs als „positivistische Beschreibung" ansetzt, sondern als theologische Disziplin begreift. Erst der moderne Neopositivismus mit seinem

Geht es im Religionsunterricht um Orientierung für das „recte vivere iuxta rectam fidem", so genügt nicht eine distanzierte wertfreie „Information". So bedeutsam Information grundsätzlich für jede Orientierung ist, weit über sie hinaus verweist der Religionsunterricht im Horizont des Glaubens auf Grunderkenntnisse, Grundbefindlichkeiten und Haltungen, die ihrerseits sich in Handlungsmodellen verifizieren lassen. Wer als Mediziner exclusiv Naturwissenschaftler und Positivist ist, wird in praxi sich anders entscheiden als jener, der den Menschen und sein Tun im Lichte des Glaubens sieht. Man braucht sich nur an jene Ärzte erinnern, die in den Konzentrationslagern der NS-Zeit mit den Menschen Experimente machten, als seien sie Ratten oder weiße Mäuse[13].

Wer alles technisch Mögliche, alles „Machbare" auch für ethisch zulässig hält, wird ernsthaft weder dem Staat, noch der Technik, noch dem Verbrechertum sittlich begründete Grenzen zuweisen können. Zentrale Aufgabe des Religionsunterrichts heute ist die Aktualisierung der Sinnfrage und ihre Beantwortung aus der Fülle und Tiefe des Glaubens; gleichzeitig aber auch die Demaskierung jener Vision von einer atheistischen und unmoralischen Menschheit, wie sie *Nietzsche* gelegentlich als Faszination erlebte und dann wieder erschreckt vor ihren Konsequenzen bei Freunden zurückwies[14].

Sog zum Pragmatischen und Wertfreien konnte zur „Enttheologisierung" des Religionsunterrichts als diskutabler Konzeption innerhalb der Religionspädagogik führen.

[13] Vgl. *A. Mitscherlich - F. Mielke,* Medizin ohne Menschlichkeit, Dokumente des Nürnberger Arztprozesses, Frankfurt ^{2}1962.

[14] Die Ambivalenz der Grundintention *Nietzsches* versucht *E. Biser* „Gott ist tot" — Nietzsches Destruktion des christlichen Bewußtseins, München 1962, S. 310, mit der Formulierung zu erfassen, daß er „noch als Kritiker ein Schauender, als Rebell ein Verehrender, noch als Vernichter ein Liebender" blieb. Ob das Zeichen, das *Nietzsche* setzte, „ein Zeichen der Warnung", vielleicht aber auch ein „Zeichen der Wegweisung" war, wie *Eugen Biser* meint, mag dahingestellt bleiben.

VII. ERZIEHUNG, GLAUBE UND POLIS

Geht es in der Erziehung um die dem jungen Menschen schuldige Hilfe zur vollen Menschwerdung[1], dann ist die Grundorientierung dieser Hilfeleistung weder für den einzelnen noch für die Gesellschaft gleichgültig. Orientiert sich Erziehung grundsätzlich primär oder gar exclusiv an der *Erziehungswissenschaft*, dann wird, wie es heute nicht selten geschieht, eine dem wissenschaftlichen Zeitstil entsprechende wertfreie Konzeption dieses wissenschaftlichen Bemühens, ihre Schatten auch auf die konkrete Erziehung werfen. Man wird distanziert und betont kritisch sich gegenüber jeder Wertorientierung verhalten und entsprechend bekannten erziehungswissenschaftlichen Entwürfen jede ethische oder gar religiöse Stellungnahme als „unwissenschaftlich" ablehnen. „Die Wissenschaft zwingt den Menschen, ein möglichst reines Vernunftwesen zu sein: die Prävalenz der Ratio muß festgehalten werden"[2].

Gibt man vor, aus wissenschaftlicher Redlichkeit dem jungen Menschen die Entscheidung zwischen den Wertsystemen und Werthaltungen völlig überlassen zu wollen, ihm sozusagen zur „Selbstbedienung" eine möglichst große Vielfalt von Standpunkten und Orientierungsmöglichkeiten vorzulegen, dann darf man sich nicht wundern, wenn dieser eine einfach resigniert und skeptisch sich jeder ethischen Wertung enthält, statt dessen aber eine Nützlichkeits- und Zweckmäßigkeitsethik sich zurechtlegt, die möglichst bequem und erfolgversprechend ist. Ein anderer aber wird das ihm seitens der Erzieher und Lehrer nicht Gebotene bei den Propagandisten innerweltlicher Heilssysteme suchen. Pragmatismus oder aber revolutionärer Radikalismus werden im Gefolge dieser fehlenden Grundorientierung sich weithin breitmachen und das im Grundgesetz angesprochene und vorausgesetzte Wert- und Ordnungssystem aushöhlen bzw. unterminieren.

---

[1] Vgl. die Ausführungen von *H. Bokelmann*, Pädagogik, Erziehung, Erziehungswissenschaft, in: Handbuch Pädagogischer Grundbegriffe II, München 1970, S. 178—267.

[2] *R. Lochner*, Deutsche Erziehungswissenschaft, Meisenheim 1963, S. 17.

Wer das Grundgesetz der Bundesrepublik Deutschland aufmerksam durchliest, die in der Präambel und in der Darlegung der Grundrechte ausgesprochenen Grundsätze ernst nimmt und als Basis des Ganzen akzeptiert, muß die für diesen Staat und seine Struktur bedeutsamen Grundlinien als Orientierungshilfe für eine politische Erziehung sehen.

Nicht jede Polis schlechthin, aber diese politische Ordnung der Bundesrepublik Deutschland ruht auf Grundüberzeugungen, die mit den Kernbegriffen Verantwortungsbewußtsein vor Gott, Menschenwürde, Freiheit der Persönlichkeit, Bindung an das Sittengesetz, Inpflichtnahme für Friede und Gerechtigkeit umschrieben werden können. Geist und Wortlaut des Grundgesetzes rufen nach einer Erziehung, die die hier angesprochenen Einsichten und Werte auch für die Zukunft als gesellschaftstragende Macht absichert und wirksam erhält. Zweifellos stehen die in den genannten Kernbegriffen enthaltenen Grundwerte zueinander in einem echten Spannungsverhältnis. Freiheit der Persönlichkeit (inclusive der Meinungsfreiheit, Pressefreiheit usw.) und Bindung an das Sittengesetz stehen in einer polaren Spannung zueinander. Wo endet der verbindliche Anspruch des einen und der des anderen Poles? Wie kann eine dem Grundgesetz entsprechende Judikatur in konkreto diese spannungsreichen Ansprüche gegeneinander abgrenzen? Genügt es, wenn man sagt, das sittliche und soziale Empfinden ändert sich so stark, hat sich bereits so sehr gewandelt, daß die Formulierungen des Grundgesetzes bereits zu „Leerformeln" geworden sind?

Der Staat selbst kann schwerlich in eigener Regie und Machtvollkommenheit die genannten Grundüberzeugungen und Grundwerte sichern und wirksam erhalten. Aber er kann und darf und sollte jene freien Gruppen und dynamischen Kräfte wirksam unterstützen und zu partnerschaftlicher Zusammenarbeit anhalten, die diese Überzeugungen und Werte besonders intensiv fördern. Jedenfalls darf er nicht in den Massenmedien, in den Schulen und Institutionen jene Kräfte ins Kraut schießen lassen, die diese tragenden Grundüberzeugungen antasten und damit die Basis dieser gesellschaftlichen Wirklichkeit zerstören.

Staat und Gesellschaft können auf der Basis dieser vorgegebenen geistigen und ethischen Überzeugungen nur weiter existieren, wenn diese lebendig erhalten bleiben und von entsprechenden dynamischen Kräften ständig ins Bewußtsein gehoben bzw. bei der nachstehenden

Generation neu aufgebaut werden. Es kann kein Zweifel daran bestehen, daß die im Grundgesetz angesprochenen Überzeugungen und Werte im weitesten Sinn in einem Zusammenhang mit dem christlichen Glauben stehen. Der Versuch, diese geschichtlich gewachsenen, aus der christlichen Glaubenswelt begründeten und von ihr her verständlichen Grundüberzeugungen von der Gott gegenüber zu tragenden Verantwortung (Präambel) und der unantastbaren und vom Gesetz zu schützenden Menschenwürde (Artikel 1), sowie der Verpflichtung des Sittengesetzes (Artikel 2) als zeitbedingte, aus der Situation des Zusammenbruchs nach 1945 verständliche, heute aber nicht mehr verbindliche Normen zu betrachten, verkennt drei bedeutsame Zusammenhänge.

Zum ersten sind Staat und Gesellschaft an die geschichtliche Kontinuität gebunden, wollen sie ihren Bestand und die innere Begründung ihrer Grundstrukturen nicht preisgeben. Die erzieherische Aufgabe, diese Kontinuität zu bewahren und damit die Identität der Polis, dieser konkreten so und nicht anders gestalteten gesellschaftlichen Ordnung zu sichern und in einer ihr entsprechenden Weise weiter zu entwickeln, hat kein geringes Gewicht. Jeder Veränderungswille ohne Rücksicht auf diese Kontinuität und Identität des Ganzen ist auch dann gefährlich und bedenklich, wenn eine geschichtsmüde Zeit nur noch in die Zukunft blicken will und alles, was die bedrohte Kontinuität und Identität schützen möchte, gern als „erzkonservativ" oder gar als reaktionär verschreit. Die im Hintergrund der grundgesetzlichen Ordnung stehenden ethischen und religiösen Überzeugungen müssen heute im Raum der Erziehung und Bildung neu geweckt und ihrer Bedeutung ausgewiesen und begründet werden. Daß der Staat und seine Bildungspolitik der ethischen und der religiösen Erziehung ein besonderes Augenmerk zuwenden sollte, ist ein Gebot der Selbsterhaltung. Im Bereich des Pädagogischen und Schulischen wird man kritisch jene Kräfte unterscheiden müssen, die diese Grundüberzeugung zu wecken oder zu verlebendigen versuchen und jene, die das Gegenteil davon versuchen. Es geht in unserem Zusammenhang nicht erstlich um rechtliche Fragen, sondern um pädagogische und didaktische Maximen.

Ist es Tatsache, daß das Grundgesetz der Bundesrepublik Deutschland ein ganz bestimmtes System von ethischen und religiösen Grundüberzeugungen involviert, die als verfassungstragend betrachtet werden müssen, dann hat die Gesellschaft die innere Verpflichtung, diese ethischen und religiösen Grundelemente positiv zu pflegen. Eine Erziehung oder Schulpolitik, die Jugend in ihrem Streben nach Orientierung und Sinngebung des Daseins allein läßt oder sie jenen Ideologien überläßt, die gerade die in der Verfassung ausgesprochenen und der Verfassung zugrundeliegenden Überzeugungen negieren, wäre so etwas wie verfassungspolitischer Selbstmord. Man mag über jene Epoche der deutschen Aufklärung lächeln, die allzu kurzschlüssig in den Kirchen staats- und systemstabilisierende Kräfte sah und gerade die religiösen Gruppen in den Griff zu bekommen versuchte. Ein berechtigter Kern in diesen Tendenzen kann nicht übersehen werden. Denn Sinnerhellung und ethische Grundorientierung werden ohne Bindung des Gewissens an den Horizont des Glaubens kaum auf die Dauer sich realisieren lassen. Der Nationalsozialismus hat diese Zusammenhänge durchaus geahnt.

Er versuchte bereits „Religion“ und „Konfession“ zu trennen[3]. Die religiösen Kräfte sollten aufgefangen und eingebaut werden für die eigenen Zwecke. Sie sollten der neuen Autorität jenen Nymbus letzter Verbindlichkeit verleihen, die man brauchte, um im Sattel zu bleiben. Daß die Kirchen in ihrem gesunden Kern die Hand nicht zu dieser Aufgabe reichten, war der letzte und entscheidende Grund zu ihrer Bekämpfung. So wurde die Partei und ihre Weltanschauung mehr und mehr zur Gegenkirche hochstilisiert[4]. Anders als der Weltan-

---

[3] Vgl. Abschnitt I, Anm. 3.

[4] Die totalitären Systeme haben weithin diese Neigung. Wenn im faschistischen Italien eine Briefmarke herauskam, die zusammen mit religiösen Symbolen die Worte „credere, obedire, combattere„ — „glauben, gehorchen, kämpfen“ als Merkworte trug, so war damit selbstverständlich das politische Credo, der Parteigehorsam und der faschistische Kampf gemeint. Der Weltanschauungsstaat der totalitären Systeme griff in seiner Auffassung von „Partei“ auf die Idee einer „spiritualen Gemeinschaft öffentlichen Rechts“ zurück, wie es der italienische Staatsrechtslehrer *Sergio Panunzio* in seinem Buch: Il sentimento dello Stato (Rom 1929) beschrieben hat. Hier ist das erste Wesensmerkmal des Staates die „ecclesiasticità“. Der auf einem politischen Credo und einem kultisch zelebrierten Feierstil aufruhende politische Enthusiasmus einer den Staat und die Staatspartei tragenden Gruppe trägt die Züge eines „Ordens“ oder einer Kirche, die sich gegenüber der echten Kirche als Gegenkirche etabliert und die religiöse Kraft und Hingabefähigkeit des Menschen für die politischen Ziele des Systems beansprucht. „Uns ist Altar die Feldherrnhalle“ *(Baldur von Schirach)*. In einer Zeitschrift der Hitlerjugend fand sich ein Bild, das den HJ-Führer vor dem Altar einer ehemaligen Schloßkapelle, auf dem brennende Kerzen die NS-Fahne flankierten, bei der weltanschaulichen Schulung zeigte.

schauungsstaat der totalitären Systeme, der *eine* Weltanschauung als Religionsersatz aufbaut und zur Basis seiner Existenz macht, wird der moderne demokratische Staat, wenn er an die tragenden Überzeugungen und Werte eines religiös und christlich orientierten Ethos in seinem Verfassungsentwurf anknüpft, jene fundamentalen Überzeugungen schützen und auch im Erziehungssystem und in der Schulpolitik positiv zu fördern haben.

Von hieraus ergibt sich jene partnerschaftliche Zusammenarbeit auch mit den Kirchen und den religiösen Gruppen, die diese Überzeugungen und Werte wecken und pflegen. Hat der Staat die Interessen, die legitimen und berechtigten Interessen seiner Bürger zu schützen und zu pflegen, dann gilt diese Schutz- und Sicherungsaufgabe nicht nur gegenüber den gesundheitlichen, den wirtschaftlichen und sozialen Interessen, sondern auch gegenüber den geistigen, den ethischen und religiösen Interessen seiner Bürger. *Paul Mikat* hat auf diesen an zweiter Stelle zu bedenkenden Gesichtspunkt im vergangenen Jahr auf einer Tagung der Katholischen Akademie in München mit Nachdruck aufmerksam gemacht. Weil im Gegensatz zum Weltanschauungsstaat mit seiner „ecclesiasticità", der demokratische Staat selbst keinen religiösen Anspruch stellen kann und darf und auch seine Schulsysteme keinen religiösen Erziehungsanspruch geltend machen können[5], bleibt nur die Möglichkeit, den religiösen Gruppen und Gemeinschaften die positive Freiheit und Chance zu gewähren, ihren Beitrag zu dieser auch für den demokratischen Staat bedeutsamen Aufgabe zu leisten. Der religiöse und weltanschauliche Pluralismus ruft nach einer taktvollen und toleranten Abstinenz der staatlichen Bestimmungen und Organe auf religiösem Gebiet, verbietet aber keineswegs jene wohlwollende Förderung religiöser Gemeinschaften und Gruppen, die nach Ausweis der Geschichte bislang die staats- und gesellschaftstragenden Grundüberzeugungen gepflegt haben.

Gegen den hier vertretenen und verfassungsrechtlich abgesicherten Ansatz einer engen partnerschaftlichen Zusammenarbeit von Staat

---

[5] Der Versuch, nicht „von der Kirche her", sondern exclusiv von der Schule und ihrem Erziehungsauftrag her eine Religionspädagogik aufzubauen und zu begründen, leidet von der Wurzel her an einer unklaren, das Phänomen des Religiösen — zusammen mit seiner soziologischen Einbettung — in seiner Eigenständigkeit verkennenden Sicht. Weil es um den Horizont des Glaubens geht, können Schule und Staat hier keine didaktischen Grundentscheidungen fällen.

und Kirche im Dienste jener im Grundgesetz angesprochenen Grundüberzeugungen und Werte erheben sich in jüngster Zeit einige Einwände. Energisch wendet man sich gegen eine Privilegierung der Kirchen, der christlichen Wertauffassungen und ethischen Grundüberzeugungen, wie sie aus dem Überlieferungszusammenhang der christlich orientierten Vergangenheit her noch lebendig sind. Im Namen einer betont negativ formulierten Toleranzidee fordert man das Ende einer „Kirchengesellschaft“ und die Verabschiedung aller angeblichen Vorrechte der Christen in Schule, Universität, Lehrerbildung usw. Man läuft sogar Sturm gegen die christliche Kindertaufe und möchte diese innerkirchliche Gegebenheit als grundgesetzwidrig hinstellen.

Es dürfte schwer sein, diese negative Toleranz so zu formulieren und durchzusetzen, daß sie nicht zur höchsten Form der Intoleranz wird. Selbstverständlich haben auch nichtchristliche und atheistische Gruppen das Recht, ihre Überzeugungen und ethischen Auffassungen geltend zu machen. Keiner kann und darf gegen seine Überzeugung in religiösen und weltanschaulichen Fragen majorisiert werden. In dem Augenblick aber, wo die im Grundgesetz geschützten Grundüberzeugungen angetastet werden und die diesen Staat tragende Basis unterminiert wird, ergeben sich Grenzen demokratischer Freiheit. Ausdrücklich spricht das Grundgesetz von den „Schranken der Rechte“, die sich aus dem Schutz der Jugend, aus der Verfassung und den Vorschriften der allgemeinen Gesetze ergeben[6]. Auch die Freiheit der Lehre „entbindet nicht von der Treue zur Verfassung“.

Es wäre ein Treppenwitz der Geschichte, wenn Staat und Schule jenen Kräften, die das Grundgesetz negieren und die in ihm angesprochenen Überzeugungen und Grundwerte bekämpfen, die gleichen Arbeitsmöglichkeiten gewähren würden, wie sie ausdrücklich — was den Religionsunterricht betrifft — im Grundgesetz den Religionsgemeinschaften garantiert sind[7]. Ein dritter Gesichtspunkt ist ebenso bedeutsam. Wie kann und darf und soll die Sache des Religionsunter-

---

[6] Vgl. Artikel 5 des Grundgesetzes Abs. 2 und 3.

[7] Auch *Hans Stock*, der einen radikal protestantischen Ansatz ähnlich wie *Gerd Otto* in seiner Interpretation des Grundgesetzes vorträgt, spricht von einer inhaltlichen Übereignung des Religionsunterrichts an die Grundsätze der Religionsgemeinschaften und stellt fest, daß der religiös neutrale Staat „nicht von sich aus Inhalte setzen kann“ (*H. Stock*, Religionsunterricht in Übereinstimmung mit den Grundsätzen der Religionsgemeinschaften-Thesen, in: Religionsunterricht wohin? Gütersloh 1971, S. 73—78, hier: S. 75.

richts definiert und interpretiert werden? Kann die Polis seine Ziele und didaktischen Strukturen in eigener Autorität und Vollmacht festlegen? Oder hat nicht vielmehr im demokratischen System der Staat mit seiner Unterrichtsverwaltung diese Lernziele und unterrichtlichen Strukturen in partnerschaftlicher Zusammenarbeit mit jenen zu erarbeiten, die im jeweiligen Selbstverständnis der Religionsgemeinschaften für den Horizont des Glaubens und seine Integrität verantwortlich sind?

Hans Stock hat in seinem bereits erwähnten Aufsatz sein Verständnis des Wortes „Grundsätze der Kirchen" mit der Aussage zu umschreiben versucht: „Sache und Geist Jesu Christi und ihr Sitz im Leben heute"[8]. Die Frage ist aber, wie die Sache Jesu Christi verstanden und wie der Sitz im Leben jeweils interpretiert werden soll. Hier herrscht unter den christlichen Bekenntnissen und innerhalb ihrer theologischen Interpretationsversuche keineswegs eine Übereinstimmung. Auch hier zeigt sich unübersehbar, daß die Formulierung „Kirchen und ihre Grundsätze" keinen eindeutigen Begriff darstellt. Die Bandbreite der protestantischen Interpretationsversuche beispielsweise reicht von einer lutherisch-fundamentalistischen Position bestimmter amerikanischer Gruppen bis zu einer vom reformatorischen Denken herkommenden Theologie und Praxis revolutionären Handelns. Sogar innerhalb deutscher Evangelischer Fakultäten gibt es harte Auseinandersetzungen um den Inhalt dessen, was heute die Sache Jesu ist und wie sie definiert werden muß. Der Vorwurf der einen gegen die anderen lautet bekanntlich: Dies ist eine falsch programmierte Theologie[9]! Wenn also innerhalb einer kirchlichen und theologischen Grundrichtung derartige Meinungsverschiedenheiten zu finden sind, wie kann dann eine so blasse und formale Aussage, wie sie *Hans Stock* vorlegt, als volle Umschreibung dessen gelten, was das Grundgesetz unter den Grundsätzen der Kirchen versteht. Diese Grundsätze differieren also! Und ihre Differenz ist eben zu bedenken und einzubringen in das Gespräch um die konkreten curricularen Entwürfe. Weder Staat noch Schule dürfen Kinder gegen den Willen der Erziehungsberechtigten auf bestimmte Ziele und religionspädagogische Strukturen festlegen. Gerade im Bereich der Religionspädagogik muß jene Freiheit herrschen, die das Grundgesetz anspricht.

---

[8] *H. Stock* l.c., S. 77.

[9] Vgl. *E. Grässer*, Die falsch programmierte Theologie, in: Evangelische Kommentare 1 (1968) S. 694—699.

VIII. RELIGIONSUNTERRICHT UND CURRICULUMFORSCHUNG

Der am 13. Februar 1970 von der Bildungskommission des Deutschen Bildungsrates verabschiedete Strukturplan für das Deutsche Bildungswesen enthält fraglos als Schlüsselbegriff seiner Absichten und didaktischen wie schulpolitischen Innovationen die These von einer umfassenden Curriculumrevision. Ein Curriculum ist im Zusammenhang der von Amerika her wieder zu uns heimkehrenden Lehrplantheorie nichts anderes als die Organisation inhaltlich fixierter Lernvorgänge auf bestimmte Lernziele hin[1]. Neu gegenüber den bislang bei uns üblichen Lehrplänen sind vor allem folgende Teilmomente der curricularen Planung: a) Durch operationale Lernziele will man Abschied nehmen von allen unklaren, nebulosen Zielbestimmungen, die den Lernenden und Lehrenden im Dunkeln ließen über die konkreten Inhalte, Methoden und Lehrmittel. b) Im Mittelpunkt dieses neuen didaktischen Ansatzes stehen bestimmte gegebene oder zu erwartende Lebenssituationen von heute oder morgen, die vom Schüler bewältigt werden müssen und für die er bestimmte „Qualifikationen", d. h. Kenntnisse, Fertigkeiten und Fähigkeiten erwerben sollte. Im Vordergrund des Unterrichts stehen also nicht mehr bestimmte Stoffgebiete, die in „Portionen" aufzuteilen sind, sondern jene curricularen Elemente, die den Schüler für das Leben ausrüsten und ihm helfen, die zu erwartenden Lebenssituationen zu meistern. c) Das Ganze ist nicht erstlich statisch nach der Art eines Lehrbuchsystems verfaßt, sondern ganz und gar dynamisch strukturiert. Die Curricula sollen ständig überprüft und im Rückblick auf die sich ändernden Lebenssituationen laufend revidiert werden. So abstrakt und theoretisch zunächst die Terminologie dieser neuen Lehrplanforschung auch an-

---

[1] Zum Gesamthema: *S. B. Robinsohn*, Bildungsreform als Revision des Curriculum, Neuwied [3]1971; *J. Speck* (Hrsg.), Probleme der Curriculum-Forschung, Bericht über den 5. Kongreß des Deutschen Instituts für wissenschaftliche Pädagogik, Münster 1969; *F. Achtenhagen - H. L. Meyer* (Hrsg.), Curriculumrevision, Möglichkeiten und Grenzen, München 1971.

mutet, im Kern will sie einen Rückbezug zur Praxis. Das Lernen soll möglichst lebensnah und situationsgerecht erfolgen. d) An letzter Stelle ist das Bemühen um eine praktikable Erfolgskontrolle zu nennen, das programmierte neue Lernen soll effizient werden und Lehrer und Schüler die Möglichkeit bieten, die Ergebnisse des Unterrichts, das Wissen und Können zu überprüfen.

Im gesellschaftspolitischen Endeffekt erhofft man eine Auflockerung der bisherigen Schulsysteme und eine Förderung aller Interessen und Begabungen. Man fürchtet, daß das bisherige Schulsystem mit seinen starren Schultypen zu früh und irreversibel Entscheidungen verlangt, die den 10jährigen und seine Eltern ebenso wie den Lehrer überforderten, weil man die Interessenentwicklung und Begabungsrichtung des jungen Menschen noch gar nicht überschauen konnte. Durch eine umfassende Curriculum-Revision und die mit ihr zusammenhängende Hinwendung zur additiven oder integralen Gesamtschule will man die Chancengleichheit für alle wahren. Kinder mit Sprachbarrieren und Spätentwickler können noch aufholen, so meint man, und je nach Begabung und Leistung wesentlich weiterkommen. Wie steht nun der Religionsunterricht zu diesem umstürzenden Versuch, das Bildungsganze von der Wurzel her zu verändern? Soll man aus der Tatsache, daß im Zusammenhang der curricularen Innovation wenig oder gar nicht von ihm in den maßgeblichen Beiträgen die Rede ist, folgern, daß ihn das Ganze gar nichts angeht? Oder soll man mit manchen eifrigen Religionspädagogen rasch Terminologie, Globalziele und Teilziele, didaktische und methodische Ansätze auf den Religionsunterricht übertragen, um „up to date" zu sein? Zweifellos impliziert die moderne curriculare Forschung immanent eine ungeheure Herausforderung gerade der Religionspädagogik. Die Frage nach dem Sinn des Religionsunterrichts in der kommenden Schule muß neu gestellt und beantwortet werden. Von seiner Zielsetzung, seinen didaktischen Strukturen und seinen methodischen Schritten her steht der Religionsunterricht vor der harten Entscheidung, ob er sich an diese neue schulische und didaktische Arbeitsweise bedingungslos adaptieren und damit möglicherweise überfremden lassen soll — oder ob er in betonter Distanz zur Curriculum-Revision und ihren Entwürfen die eigene Identität und Kontinuität bevorzugt akzentuieren, damit aber sich möglicherweise in eine isolierte und unfruchtbare Gettohaltung hineinmanövrieren soll. Doch ist diese Alternative, vor der mancher heute erschrickt, wirklich gegeben? Hat nicht die Religionspädagogik entsprechend dem alten biblischen Grundsatz: Prüfet alles und das Gute behaltet — die positive und zugleich kritische Aufgabe, das Gespräch mit der Curriculum-Revision aufzunehmen und sich mit den Grundlagen und Absichten dieser neuen Didaktik auseinanderzusetzen?

Mancher begrüßt stürmisch das Neue, weil es neu und anders ist und er selbst auf jeden Fall ganz vorn sein möchte. Mancher aber ist von Alter und Natur her mißtrauisch gegen alles Neue, weil er umdenken und umlernen soll. Mit Recht wehrt man sich gegen eine Reise ins Blaue und verlangt solide Begründungen und praktikable Hilfen. Der Religionspädagoge und Religionsdidaktiker aber sollte weder Revolutionär um der Revolution willen sein noch Reaktionär bloß um der Erhaltung des Bestehenden willen. Wer anderen helfen will und Lernprozesse in Gang setzen möchte, muß auch selbst lernwillig bleiben.

Gerade der christliche Religionspädagoge muß nach dem Kairos der Stunde schauen und die echten Bedürfnisse der Zeit von den Scheinbedürfnissen kritisch unterscheiden können. Technik und Wissenschaft haben uns eine ungeheure Macht gegeben und das Leben in einen gewaltigen Veränderungsprozeß hineingezwungen. Die Frage ist nur, ob wir in der Lage sind, diese Macht und diese totale Revolutionierung des gesellschaftlichen Lebens zu verantworten. Ist nicht die Gefahr von heute und morgen, daß wir selbst und unsere Jugend zu jenen oft beschriebenen „eindimensionalen“ Menschen werden, die die Massenmedien nach Belieben kneten und emotional bewegen können? *Eduard Spranger* war es, der vor Jahren vor einem Arbeitskreis erklärte: „Es ist die Frage, ob die Erziehung das überhaupt zu leisten vermag, was hier erwartet wird, nämlich die „Hervorbringung“ eines Menschentyps, der die komplizierte ... Kultur in sittlich richtiger Weise zu tragen vermag“. *Spranger* fuhr kurz danach fort: „Die schwierige Aufgabe dieser Erziehung liegt überhaupt nicht in der Auslese von geeignetem Lehrstoff, sondern darin, freie Menschen heranzubilden ... Menschen, die Verantwortung für ihre Gruppe fühlen und sich aktiv bewähren, Menschen, die sich in ihrem Gewissen vor Gott und nicht nur vor der Gesellschaft gebunden wissen ...“.

Das Grundanliegen der curricular bestimmten Bildungsreform, möglichst viele Menschen zu befähigen, an den Entscheidungen der Zukunft mitzuwirken, ist unbedingt zu bejahen. Auch der Kerngedanke, von echten Lebenssituationen auszugehen, diese zu analysieren und aus der so gewonnenen Kenntnis heraus Lernziele und Wege neuen

Lernens aufzubauen, ist richtig und praktikabel. Endlich kann es nicht schaden, wenn der Religionslehrer sich immer wieder fragt, ob seine Lernziele konkret genug, sein Unterricht wirklich effizient und für den jungen Menschen und sein künftiges Leben bedeutungsvoll ist. Die Krise des Religionsunterrichts scheint nicht zuletzt darin zu bestehen, daß die Jugendgeneration, mit der wir es heute zu tun haben, Zweifel an der praktischen Fruchtbarkeit und an der Lebensbedeutung des Religionsunterrichts bekommen hat.

Heinrich Roth hat in seiner Pädagogischen Anthropologie[2] mit großer Eindringlichkeit auf das Bedürfnis des jungen Menschen nach Sinndeutung des Daseins hingewiesen. Der Jugendliche will eben nicht nur Fakten erfahren und mit Formeln umgehen lernen. Er ist von Natur auch „homo religiosus“. Er ist, wie *Roth* sagt, ein Wesen der Hoffnung und der Angst, der Liebe und des Kampfes, der Geburt und des Todes. „Wo kein Glaube aufscheint, kommt Aberglaube und Ersatzglaube“. Daß junge Menschen in dieser technisch perfektionierten und durchrationalisierten Welt in bisher nie gekanntem Ausmaß zu Ersatzbefriedigungen greifen und dem Drogenrausch verfallen, scheint nicht zuletzt darin seinen Grund zu haben, daß sie nie einen echten Zugang zur Dimension des Glaubens fanden. Bezeichnend scheint es zu sein, daß dort, wo plötzlich die Realität des Glaubens ihnen aufgeht — denken wir an manche Phänomene der Jesus-people-Bewegung — zusammen mit der überraschend aufleuchtenden neuen und anderen Wirklichkeit-Heilungen erfahren werden und fast wie ein Wunder erlebt werden. Der Mensch ist eben nicht nur psychologisch, sondern ontologisch auf Gott hin angelegt. Erst die Verdürftigung dieser Erfahrungen und die „Austrocknung der spirituellen Reserven“ *(Josef Ratzinger)* macht die Krise der Christenheit so bedrohlich.

Bei der Planung der rechten Lernziele im Religionsunterricht, das muß auch an dieser Stelle mit allem Nachdruck wiederholt werden, muß die ganze Breite menschlichen Lernens und Erfahrens, die heute nicht selten eigentümlich verkürzt erscheint, bedacht und eingebracht werden. Eine Anthropologie, die von ihrem methodischen Ansatz her, menschliche und tierische Verhaltensweisen gern einebnet, kann hier zu unguten Konsequenzen in ihrer Didaktik gelangen. Das Tier

---

[2] *H. Roth,* Pädagogische Anthropologie, Hannover I ²1968, 140—144.

kennt weder Gewissen noch Verantwortung, es hat keinen Horizont des Glaubens. Seine „Erziehung" endet bei Dressaten.

Als ich vor kurzem am Rande von Soest auf der Bundesstraße 1 fuhr, sah ich an einer der zahlreichen Ampeln, wo ich gerade hielt, einen Hund sitzen, der sich bei „Grün" erhob und ohne rechts und links zu schauen, und ohne Begleitung seines Herrn den Fußgängerüberweg durchquerte. Das amüsante Erlebnis machte mich nachdenklich. Das Tier hatte sicher zusammen mit seinem Herrn diesen oder ähnliche Übergänge erlebt und war seit Monaten gewohnt, sich verkehrsgerecht zu verhalten. Ähnlich wie vor Jahren mein eigener Schäferhund sich sofort setzte, wenn ich stehen blieb und weiterschritt, wenn ich mich anschickte weiterzugehen. Aber dieses Dressat ist etwas völlig anderes als die Erziehung zu Verantwortung und Umsicht, die ein junger Mensch lernt, wenn er zum rechten Verhalten auf der Straße und zur Mitverantwortung für andere angehalten wird.

Für die Enge tierhafter Lernvorgänge mit ihren Grenzen noch zwei Beispiele. Ein Bekannter besaß als Pfarrvikar im Industriegebiet zum Schutz seines Hauses eine große englische Dogge, die sich einer gewissen Freiheit erfreute. Am Sonntagmittag durfte sie öfter frei herumlaufen und interessierte sich begreiflicherweise auch für die Christenlehre, die ihr Herr mit seiner sympathischen Stimme in der Kirche hielt. Weil sie brav war und niemanden störte, ließ man sie an Sommertagen, wenn die Kirchentür geöffnet war, ruhig hereinkommen und sich hinlegen, wo sie unverwandt auf ihren Herrn blickte, um am Ende seiner katechetischen Ansprache würdevoll und gelassen das Gotteshaus wieder zu verlassen. Bei einer Konferenz berichtete ein anderer Geistlicher, was ihm am Sonntagnachmittag bei der Andacht widerfahren sei. Ein großer Hund sei zum Entsetzen der Kinder bei der offenen Tür hereingekommen, habe sich dann bei seiner Ansprache hingelegt und nach deren Ende die Kirche verlassen. Mein Bekannter lachte und sagte, das könne nur sein Hund gewesen sein, der offenbar seinen Mittagsspaziergang bis in die Nachbargemeinde ausgedehnt habe und beim Läuten der Glocken und im Blick auf die ähnlich gebaute neugotische Kirche die Situation und seinen Herrn offenbar verwechselt habe. Ein zweites Beispiel: Mein eigener Hund vergrub auf einem kleinen Gehöft in der Nähe eines Holzschuppens einen Knochen, den er nicht mehr mochte, begann dann aber am folgenden Tag neben meinem Holzschuppen (am ganz anderen Platz) zu suchen und zu wühlen, um dort den gestern vergrabenen Knochen sich wiederzuholen, was natürlich ergebnislos verlief. Grenzen tierischen Lernens! Sie machen eindeutig sichtbar, daß Intelligenz und Horizont beim Tier und beim Menschen grundverschieden sind. Eine am Behaviorismus orientierte Anthropologie ist eine zu knappe Basis für eine Theorie menschlichen Lernens. Kognitive, affektive und praktische Lernziele können und sollen beim Menschen immer in den umfassenden Horizont vollmenschlicher sittlicher und religiöser Verantwortung eingebettet werden. Da das im Fachunterricht nur selten geschehen kann, hat der Religionsunterricht die gleichzeitig kritische und positive Aufgabe, den Fachunterricht zu ergänzen und die Linien geschichtlicher, naturwissenschaftlicher und anthropologischer Erkenntnisse weiter auszuziehen bis in die Gebiete des Ethischen und des Religiösen. „Dürfen wir alles, was wir heute können?" — „Welche Verantwortung legt uns das Wissen um die atomare Macht in unseren Händen auf?" — „Hat die ethische Verantwortung von Krieg und Frieden im Blick auf die modernen Massenvernichtungsmittel ein neues Gesicht bekommen?" — „Gibt es heute noch einen gerechten Krieg?" — „Kann Sexualität rein biologisch, d. h. wertfrei und wertneutral gesehen und in das menschliche Handeln eingebracht werden — oder gibt es auch hier eine ethische Verantwortung?" — „Hat die Wirtschaft eine nur auf Gewinn und konjunkturelle Expansion auszurichtende Autonomie?" — „Darf der Mensch nur als ‚Unkostenfaktor' in der wirtschaftlichen Kalkulation betrachtet werden?" Usw. usw. Es ergeben sich von einer Reihe von fachunterrichtlichen Themen her Probleme, die im Religionsunterricht anzusprechen und durchzudiskutieren sind.

Die eigentlichen Glaubensfragen haben für eine anthropologische Aufhellung und damit für den sinnerhellenden Gesamtvollzug menschlichen Tuns eine entscheidende Bedeutung. Damit erhalten die Lernziele des Religionsunterrichts eine Vertiefung, die keineswegs dem der Verhaltensforschung entsprechenden Schema von „Reiz" und „Reaktion" mehr entspricht. Die Eigenständigkeit des Religionsunterrichts wird gerade im Blick auf diese von der heutigen Lernzielforschung wenig bedachten Thematik anthropologischer und ethischer Kernfragen neu artikuliert und begründet werden müssen. Der Versuch, jene neuen Wege der empirischen Kontrolle unterrichtlichen Handelns und unterrichtlicher Effizienz auf den Religionsunterricht zu übertragen, findet rasch seine Grenze an der besonderen Thematik und Struktur dieses Faches. Menschliche und speziell ethische und religiöse Verhaltensänderung sind nicht „meßbar“ und im gleichen Sinn kontrollierbar wie Tischsitten und Verkehrsverhalten[3]. Der Fehler bei der Übernahme mancher Ideen und Praktiken bis in die jeweilige Religionspädagogik und Unterrichtspraxis scheint vor allem darin zu liegen, daß man nicht selten unbesehen und unkritisch Begriffe ähnlichen Gehaltes und ähnlicher sprachlicher Ausdrucksweise übernimmt, ohne zu bemerken, daß man hier ein anderes „genus“ einführt. So ist fraglos der in der pädagogischen und psychologischen Forschung heute gebräuchliche Begriff der „Empirie“ etwas völlig anderes als die in der Sprache theologischer Mystik übliche Redeweise von „Erfahrung“. Empirische Daten im erstgemeinten Sinn sind feststellbar, meßbar, können auf mathematische Formeln gebracht werden, d. h. bei ihnen kann Qualitatives quantifizierbar werden, diese Daten können kontrolliert und verifiziert werden. Gelegentlich aber klingen bei Religionspädagogen Worte wie „Erfahrungen“ an, die einer ganz anderen Dimension angehören, die ihre Herkunft aus der Sprache der theologischen Mystik kaum verleugnen können. Glaubenserfahrung im Sinne des Betroffenwerdens von letzten, die Alltagsempirie übersteigenden Wirklichkeiten kann nicht kontrolliert und auch nicht quantifiziert werden.

In der didaktischen und schultheoretischen Auseinandersetzung aber kommt es darauf an, daß man das Eigenrecht und die spezifische Eigentümlichkeit des Religionsunterrichts und speziell des an der Bibel und am Bekenntnis orientierten Religionsunterrichts herausstellt und einsichtig macht. Der andere Gebrauch bestimmter Vokabeln muß dabei deutlich gemacht werden, wenn eine Verständigung überhaupt erzielt werden soll. Ein Musterbeispiel kann in dem Begriff „Überlieferung“ gesehen werden, der vor Jahren eine bedeutsame Rolle gerade in der an Schule und Unterricht sich neu orientierenden Religionspädagogik spielte. In dem Augenblick aber, wo alle „Überlieferung“ als konservatives Relikt galt und in Gegensatz zu einem nach vorn und in die Zukunft orientierten Denken und Handeln als verdächtig betrachtet wurde, verschwand zunehmend dieser eine

---

[3] Das muß auch *G. Stachel* in seinen Erwägungen erkennen, wenn er den Versuch unternimmt, „empirische“ Kontrollen auch im Religionsunterricht anzusiedeln. Vgl. *G. Stachel,* Lernziele und Religionsunterricht, in: *H. Heinemann, G. Stachel, S. Vierzig,* Lernziele und Religionsunterricht, Zürich-Köln ²1971, S. 24—56.

Zeitlang fast wie ein Schlüsselbegriff gehandhabte Terminus aus der jüngsten Diskussion. Seitdem werden „Traditionen" nur noch relativiert und kritisch aufgearbeitet. Daß es verbindliche Überlieferung im theologisch relevanten Sinne gibt, erscheint dieser neuen Sicht als undenkbar und unannehmbar. Lernziele moderner Religionspädagogen kennen daher nur diese eingeengte und stark historische Betrachtungsweise. Der anders urteilende Religionspädagoge, der vom Biblischen und vom Bekenntnis her verbindlichen „Überlieferung" etwa im Sinn der erneuerten Theologie der Tübinger[4] und im Sinne einer am II. Vaticanum orientierten Theologie grundsätzlich und praktisch ins Gespräch bzw. in den Unterricht einbringen will, hat es schwer. Auf der einen Seite muß er bloß kulturgeschichtlich interessante und zeitgeschichtlich bedingte Überlieferungen in ihrer Relavität und Vergänglichkeit bis in das religiöse Leben und Denken hinein darstellen und kennzeichnen. Zum anderen hat er „Überlieferung" in unterschiedlicher und sprachlich sich wandelndem Verständnis bis in die religiösen, die frömmigkeitsgeschichtlichen und theologischen Kernbegriffe hinein aufzuzeigen. Endlich aber muß er darüber hinaus jenen unverzichtbaren Kern gültiger, auf den Herrn und sein Wort zurückgehender „Paradosis" aufzeigen, dessen Anspruch nicht relativierbar ist und allen verschiedenen und unterschiedlichen Sprachformen zum Trotz verbindlich ist und bleibt. Diese vom Herrn kommende Paradosis und ihre Verbindlichkeit, ihre Unverletzbarkeit und ihr Anspruch an unser Denken und Handeln ist das Ärgernis der heutigen Stunde, die nur „Geschichtlichkeit" als relative Größe kennt und anerkennt. Lernziele, die dieses Andere und Verbindliche ansteuern, gelten weithin als unzumutbar und als nicht „operationabel". Hier liegt, vom christlichen Religionsunterricht her gesehen, die Grenze einer an Lernzielen sich orientierenden Religionspädagogik.

Und ein Letztes: Jede Entscheidung über Lernziele und didaktische Strukturen bedarf der Normen. Was ist vorrangig? Was ist für heute und morgen bedeutsam oder gar verbindlich? Die Orientierung an einer betont wertfreien und die Nähe zur Praxis ablehnenden positivistischen „wissenschaftlichen" Pädagogik, die sich von allen „unwissenschaftlichen" (weil nicht verifizierbaren) Wertentscheidungen fern hält, führt Lehrende und Lernende in große Ratlosigkeit. Das einzig

[4] Hierzu vgl. die Arbeiten von *J. R. Geiselmann* über die Anfänge der katholischen Tübinger Schule.

Mögliche, ein möglichst weit gefaßtes plurales Angebot sozusagen zum Aussuchen wie im Selbstbedienungsladen, impliziert schwere pädagogische Bedenken.

Ob nicht der Religionsunterricht, der hier eine entschiedene und eindeutige Position aus seiner vorgegebenen Glaubensposition heraus in die unterrichtliche Kommunikation einzubringen vermag, hier nicht doch eine heute weithin vergessene Aufgabe der Orientierungshilfe besitzt?

IX. RELIGIONSUNTERRICHT ALS ÖFFNUNG ZUM DIALOG

Im Kontext unserer gesellschaftlichen Wirklichkeit, wie sie vom Grundgesetz vorausgesetzt wird, wird schulischer Religionsunterricht innerhalb der öffentlichen Bildung nirgendwo als konfessionelles Getto verstanden oder verwirklicht werden können. Im Gefälle einer pluralen geistigen und religiösen Umwelt ist nur eine Religionsdidaktik möglich, die bereit ist zu einem umfassenden Dialog.

In diesem Dialog muß einmal in exemplarischen Beispielen die Breite der religiösen Grundorientierung zur Sprache kommen. Das kann nur in einer gewissen Auswahl geschehen. Für die Auswahl muß als Kriterium der Erfahrungshorizont der Schüler gewählt werden. Religiöse Positionen, wie sie dem Schüler tagtäglich begegnen oder begegnen können, sind mit ihren geistigen Grundlagen und praktischen Implikationen aufzuzeigen. Neben einer sachlichen Darstellung hat eine kritische, vom eigenen Glaubensstandort her begründete Stellungnahme durchaus einen Platz. Das aber besagt, daß auch diese Öffnung zum Dialog hin nur aus einer Klarheit über den eigenen Standort und die eigene Position vollzogen werden kann. Öffnung zum Dialog hin bedeutet, wie die Erfahrung zeigt, immer auch eine Abklärung und Verdeutlichung der eigenen Grundposition.

In einer durch die NS-Ideologie weithin manipulierten Berufsschulklasse stieß der Religionslehrer auf Ablehnung und Desinteresse. Sein, wenn auch behutsam vorgetragener, kritischer Ansatz blieb den Jungen keineswegs verborgen. Und so reagierten sie auf den fehlenden Gleichklang mit dem „System“ durch Passivität und Resistenz. Das wurde schlagartig anders, als ein radikaler Parteiredner ihre Ansicht von der wohlwollenden Duldung des Christlichen durch die Partei in Erschütterung brachte und die Grundlagen des Christentums offensiv ablehnte. Damit aber stürzten sie in einen inneren Konflikt zwischen ihrem Traditionskatholizismus, den sie nicht in Frage stellen lassen wollten, und ihrer politischen bzw. weltanschaulichen Position, in die sie sich hatten hineinmanövrieren lassen. Der Religionslehrer, den sie anfangs für einen uneinsichtigen „Politischen“ hielten, wurde jetzt erst zum Dialogpartner. Dieser Dialog aber wurde erst möglich durch die neue Situation eines von der politischen „Autorität“ inaugurierten inneren Konfliktes.

Seit dieser Stunde war das Gespräch wieder aufgenommen und ergab überaus fruchtbare Unterrichtsmöglichkeiten. Aus den resistenten und uninteressierten Burschen waren plötzlich fragende und aktive Partner im Unterrichtsgeschehen geworden. Die Konfrontation mit einer Position, die die bisher stillschweigend und als selbstverständlich vorausgesetzte christliche Konvention radikal in Frage stellte, war zu einem Impuls geworden, der Unterricht überhaupt erst möglich machte. Geistige Auseinandersetzung und Konfrontation mit Gegenpositionen können also fruchtbare Momente im Unterrichtsgeschehen darstellen.

Motivation und Konsequenzen einer anderen religiösen Grundentscheidung müssen also abgeklärt und durchdiskutiert werden, wobei indirekt oft die eigene Erfahrung in ihrem Wert und Sinn aufleuchtet.

Der moderne Humanismus ohne Gott kann beispielsweise in seiner Fragwürdigkeit vom Religionslehrer anhand gewisser Nietzschetexte sichtbar gemacht werden. Der tolle Mensch, der mit seiner Laterne am hellen Tag Gott sucht, durchbohrt die anderen Atheisten mit seinen Blicken: „Wohin ist Gott? ... Ich will es Euch sagen: Wir haben ihn getötet! — ihr und ich! ... Was taten wir, als wir diese Erde von ihrer Sonne losketteten? Wohin bewegt sie sich nun? Irren wir nicht wie durch ein unendliches Nichts? Haucht uns nicht der leere Raum an? Ist es nicht kälter geworden? Kommt nicht immerfort die Nacht und immer mehr Nacht?“ Nietzsche möchte die naiven Atheisten auf die Folgen vom „Tode Gottes“ aufmerksam machen. Er allein weiß um die Konsequenzen des Unglaubens. „Du wirst niemals mehr beten, niemals mehr anbeten, niemals mehr im endlosen Vertrauen ausruhen — du versagst es Dir, vor einer letzten Wahrheit, letzten Macht stehen zu bleiben und deine Gedanken abzuschirren — du hast keinen fortwährenden Wächter und Freund für deine sieben Einsamkeiten — du lebst ohne Ausblick auf ein Gebirge, das Schnee auf dem Haupt und Gluten in seinem Herzen trägt — es gibt für dich keinen Vergelter, keinen Verbesserer letzter Hand mehr — es gibt keine Vernunft mehr in dem, was geschieht, keine Liebe in dem, was dir geschehen wird, deinem Herzen steht keine Ruhestatt mehr offen, wo es nur zu finden und nichts mehr zu suchen hat — du wehrst dich gegen irgendeinen letzten Frieden, du willst die ewige Wiederkehr von Krieg und Frieden: — Mensch der Entsagung, in alledem willst du entsagen? Wer wird dir die Kraft dazu geben? Noch hatte niemand die Kraft!" Nietzsche, der sich selbst hier Fragen stellt, möchte sich durch ein „vielleicht" beruhigen. „Vielleicht wird gerade jene Entsagung uns auch die Kraft verleihen, mit der die Entsagung selber ertragen werden kann. ...". Ob der Verlust der Transzendenz und das Verblassen des persönlichen Gottes uns Menschen wirklich stark macht?

Öffnung zum Dialog bedeutet auch, daß durch Konfrontation mit anderen religiösen oder areligiösen Grundpositionen zurückgetretene oder nicht mehr voll bewußte Grunderfahrungen wieder aktualisiert und in ihrer Sinntiefe wieder bewußt werden. Die angezogenen Nietzschetexte sind ein Spiegel der Du-Beziehung zu Gott, die unter Schmerzen und Erschütterungen nunmehr aufgegeben und negiert wird. Wer diese Grunderfahrung einmal gemacht hat, kann kaum je wieder von ihr loskommen. „Gott als Du, braucht nicht bewiesen zu werden!" (Ferdinand Ebner). Gott ist mehr als eine abstrakte „Tiefe der Wirklichkeit". Er ist das gewaltige Du, das uns gegenüber steht und doch uns innerlich ganz nahe ist. Die Leugnung der Transzendenz Gottes in der neuen Religionspädagogik als Folge einer angeblich „vernünftigen" Theologie unterschlägt nicht nur das persönliche Gebet, sie nimmt dem Menschen und zumal dem Jugendlichen jede echte Glaubensmöglichkeit und jenes Urvertrauen, das das biblische Denken und Leben gerade charakterisiert. Mit Recht erklärte vor einiger Zeit ein evangelischer Pfarrer im Blick auf die modische „Gott-ist-tot-Theologie" im Fernsehen: „Wer nicht mehr zu Gott sprechen kann, sollte auch aufhören, von Gott zu sprechen".

Öffnung zum Dialog — das bedeutet auch Eröffnung des Horizontes zur echten Transzendenz und zur Begegnung mit dem persönlichen Gott. Diese Öffnung und Eröffnung aber ist fraglos gebunden an das Zeugnis anderer und an die mit diesen zusammen gemachten Urerfahrungen der Gottesbegegnung in Kult und Gebet. Diese Grunderfahrungen sollten nicht als naive Vorstellungen und Praktiken einer voraufgeklärten Geistigkeit belächelt oder diffamiert werden. Sie sind integrierender Teil jedes religiösen Aktes. Beispiele und Texte können unschwer der umfangreichen Arbeit „Das Gebet" von Friedrich Heiler entnommen werden[1].

[1] *F. Heiler,* Das Gebet, Neudruck Berlin 1971.

Öffnung zum Dialog umgreift schließlich auch die Bereitschaft zur Toleranz. Es gibt ein unterschiedliches Toleranzverständnis. Jeder kennt das skeptische Toleranzverständnis des aufgeklärten Zweifels. „Nichts genaues weiß man nicht — warum sich streiten!" *Lessing* hat in seinem Drama „Nathan der Weise" die vielzitierte Parabel von den drei Ringen fraglos als Stoß gegen die Intoleranz der Orthodoxie, so wie er sie verstehen zu müssen meinte, in der Überlegenheit des Aufgeklärten vorgetragen. Der fromme Betrug des Vaters, der jeden glauben machen will, sein Ring sei der echte, ist aber eines Gottes unwürdig. Er entspricht auch nicht der Kommunikationsmöglichkeit der wirklichen Wahrheit, die nicht einem einzigen vorbehalten ist, sondern allen zugänglich sein kann. Das proton Pseudos jener berühmten Parabel ist also das Gottesbild und das Wahrheitsverständnis. So verständlich diese dichterische Gestaltung einer skeptischen Toleranz im Kontext ihrer Zeit auch immer sein mag, sie hat, bei Licht betrachtet, von ihrer Konzeption und ihren Voraussetzungen her unverzeihliche Schwächen und innere Widersprüche. Interessant ist Lessings eigenes Urteil über sein Stück, das er „einen Sohn seines eintretenden Alters" nennt, „den die Polemik entbinden helfen"[2]. Kein geringerer als *Goethe* hat das deutlich gesehen, wenn er bedauert: „... daß er (Lessing) immerfort polemisch wirkte und wirken mußte, lag an der Schlechtigkeit seiner Zeit."
Doch Toleranz kann auch eine andere Grundlage haben. Sie kann das Wissen um die Aspekthaftigkeit des Erkennens und das Verständnis für den Suchenden und fragenden Mitmenschen miteinander verbinden. Wahrheit und Wirklichkeit sind Vorgegebenheiten, die wir immer nur aus einem bestimmten Fragehorizont her angehen. Unterschiedliche Wahrheitsaspekte können in vollem Sinn berechtigt sein, auch wenn sich mit ihnen und in ihnen neben den Wahrheitselementen irrige Ansichten finden sollten. Lessing hat aber grundsätzlich die Gleichrangigkeit und Gleichwertigkeit jeder geschichtlichen Religion, jeder positiven Religion behauptet und sie darin zu begründen versucht, daß er sie nicht widerlegen könne[3].

---

[2] In einem Brief an *F. H. Jacobi* vom 18. Mai 1779.

[3] „Ich habe gegen die christliche Religion nichts, ich bin vielmehr ihr Freund und werde ihr zeitlebens hold und zugetan bleiben. Sie entspricht der Absicht einer positiven Religion, so gut, wie irgend eine andere. Ich glaube sie und halte sie für wahr, so gut und so sehr man nur irgend etwas Historisches glauben und für wahr halten kann. Denn ich kann sie in ihren

5(¹/₄) Padberg, Entkonfessionalisierung (78 173)

Das aber ist reichlich dürftig und entspricht der Skepsis gegenüber dem übergeschichtlichen Anspruch der Wahrheit. Der Polemiker will diesen Anspruch, so wie er ihn versteht, mit harten Bandagen durchsetzen. Toleranz hält er für Schwäche. Die Öffnung zum Dialog dagegen beinhaltet den Verzicht auf Polemik; sie setzt voraus und urteilt, daß der Gesprächspartner guten Willens ist und zur Wahrheit ebenso unterwegs ist, wie man es selber zu sein beansprucht. Der Polemiker möchte den Gegner „fertig machen". Er späht nach dessen schwachen Stellen, um sie wie Hagen von Tronje bei Siegfried zum vernichtenden Stoß zu benutzen. Der Polemiker greift nicht selten, gereizt wie er ist, ohne auf Fairneß zu achten, auch nach wenig ehrenhaften Mitteln. Die politische Polemik in Wahlkämpfen illustriert das immer wieder. Anders der Mensch des Dialogs. Er möchte den Gesprächspartner den eigenen Aspekt verständlich machen, wie er auch bereit ist, die Sehweise des anderen zu verstehen und sich anzueignen. Ohne also die eigene Sicht aufzugeben, möchte er zusammen mit dem Gesprächspartner eine noch vollere und tiefere Einsicht in die Wahrheit und Wirklichkeit gewinnen. Er ist überzeugt, daß das Gespräch miteinander dazu ein wertvoller Weg sein kann. Der Dialog verlangt also Offenheit und Verständnisbereitschaft für die Argumente und Positionen des anderen, wie er auch Klarheit und Überzeugungskraft in der Darlegung des eigenen Standortes voraussetzt.

Es ist die Frage, ob die heutige geistige Auseinandersetzung zu wirklicher Toleranz anleitet. Ton und Unsachlichkeit scheinen bisweilen an Perioden zu erinnern, die man in der Kirchengeschichte gelegentlich als Zeiten des Grobianismus bezeichnet hat. Eine emotional stark bewegte Jugend tut sich schwer mit der Forderung zu Sachlichkeit und Fairneß. Doch gerade der Religionsunterricht sollte hier eine besondere Aufgabe sehen und die geistigen Grundlagen und Voraussetzungen betonen, die zu einem besseren Gesprächsklima und zu echter Fairneß führen können. Sachlichkeit gehört zum Charakteristikum menschlicher Möglichkeiten. Das Tier kann nicht sachlich sein. Es kennt nur biologische Interessen und Bedürfnisse. Nahrungsgewinn durch Beutejagd, Zuchtwahl und Anhänglichkeit an Gruppe und Rudel bestimmen sein Verhalten. Der Mensch aber kann sich vom un-

historischen Beweisen schlechterdings nicht widerlegen." Zitiert nach der Lachmannschen Ausgabe Bd. XI, S. 749.

mittelbaren Interesse lösen und sich zweckfrei einem Phänomen zuwenden, dessen Gründe und Hintergründe er erkundet. Ob man, wie es heute nicht selten geschieht, hier nur von „Neugierde" reden sollte, erscheint fraglich. Man hat die dem menschlichen Geist eigene und ihm zugängliche Sachlichkeit als „Konspirieren mit dem Gegenstand" bezeichnet und diese Haltung als „Mitvollzug seiner ihm selbst eigenen sinnhaften Struktur" zu umschreiben versucht[4]. Sachlichkeit schließt keineswegs Engagement und Hingabe aus.

Diese Haltung der Sachlichkeit sollte eingeübt und an konkreten Beispielen aufgezeigt werden. Das Kind, das sich dem Spiel hingibt und darüber seine Umwelt vergißt, der Forscher, der einem Problem nachgeht und darüber persönlichen Nutzen hintansetzt, sind Beispiele echter Sachlichkeit. Wo das Kind aber aus seinem Spiel berechnendes „Theater" macht oder der Forscher seinem Ehrgeiz verfällt, pervertiert der Mensch seine Hingabefähigkeit und wird unsachlich.

Sachlichkeit umgreift ein ganz bestimmtes Ethos und eine engagierte Fragehaltung, die sich vom Utilitären gelöst hat und immer wieder sich von ihm befreit.

Wie aber verhalten sich Sachlichkeit und Liebe zueinander? Kann man auch dem Dialogpartner gegenüber „sachlich" sein? Kann man jemanden lieben und ihm doch sachlich begegnen? Nun, die erzieherische Liebe des reifen zum jungen Menschen muß beides miteinander verbinden. Affenliebe uneinsichtiger Eltern fehlt durch Ausfall der notwendigen Sachlichkeit. Wo der personale Bezug und der Anspruch des Gegenständlichen gleicherweise zum Zuge kommen; wo man das Du des anderen mit all seinen Möglichkeiten und Geheimnissen staunend und liebend bejaht und den Anspruch des Wirklichen in jeder Begegnung mit dem Du anerkennt, dort ist beides gewahrt: Liebe und Sachlichkeit.

Ein Einwand gegen den dialogischen und kommunikativen Charakter des Religionsunterrichts bedarf der Besprechung. Ist Religionsunterricht — im Blick auf seinen Gegenstand — nicht im Letzten der Diskussion entzogen? Sogar die Reformpädagogik, die so stark den Gesprächs- und Verhandlungscharakter des echten Unterrichts zu unterstreichen pflegte, hat hier gemeint eine Grenze sehen zu müssen. Ein aus der Schule von Berthold Otto kommender Reformdidaktiker

---

[4] Hierzu und zum Folgenden vgl. *H. E. Hengstenberg*, Philosophische Anthropologie, Stuttgart 1957, S. 9 ff.

meint, im Religionsunterricht gehe es nicht „vom Kinde aus“, sondern „auf das Kind zu“. Das Kind habe uns hier nicht zu fragen, sondern der Unterrichtende habe ihm die Dinge zu sagen[5]. Und Peter Petersen, der bekannte Verfasser des Jenaplanes unterstreicht die gleichlautende These, im Religionsunterricht sei eine „Diskussion“ nicht möglich, weil der eine Partner auf dem „Boden der freien Erörterung“ stehe, der andere aber der Sache gegenüber eine Glaubenshaltung einnehme[6]. Kann mit diesen Einwänden der echte Unterrichtscharakter der Religionsstunde vom Tisch gewischt werden? Ist die zweifellos vom Theologischen her beeinflußte Argumentation der genannten Reformdidaktiker stichhaltig?
Anders und moderner gefragt: Ist der Erfahrungscharakter des religionspädagogischen Ansatzes, der heute so sehr in den Vordergrund gestellt wird, nicht doch ein Widerspruch zum Offenbarungscharakter der Botschaft? Da es sich um einen theologischen Einwand handelt, muß auch auf der theologischen Ebene die Antwort gesucht werden. Auch das Ereignis der Offenbarung vollzieht sich nicht im luftleeren Raum der Unanschaulichkeit und absoluten Fremdheit von menschlicher Erfahrung. Die Schule wußte bereits: Alles, was aufgenommen wird, wird in der Art des Empfangenden aufgenommen[7]. Die Art menschlicher Aufnahme aber ist eine an die Erfahrung anknüpfende Dialogbereitschaft, ist die zur Kommunikation immer gehörende Fragehaltung. Das Desiderat einer „Theologie der Frage“ ist in jüngster Zeit angegangen, aber sicher noch nicht theologisch gelöst worden[8]. Ob es sich um den Propheten des Alten Bundes, um den Apostel der neutestamentlichen Offenbarung oder um Jesus selbst handelt, immer vollzieht sich die Mitteilung im Medium des Gespräches, in Bildern und Gleichnissen, die an die Erfahrung anknüpfen. Und wo die Botschaft später weitergereicht wird, knüpfen die Boten stets an die Erfahrung der Hörer an und suchen das Gespräch mit ihnen. Jene bekannten durch kulturelle Wandlungen bedingten Kommunikationsschwierigkeiten führen durchweg zu Krisen auch der religiösen Übermittlung und des religiösen Verstehens. Solche Kommunikation ist immer beim Unterricht zu beachten. Jede Problemlösung setzt ein Problembewußtsein voraus und jede Antwort eine

---

[5] *J. Kretschmann* - O. *Haase,* Natürlicher Unterricht, Hannover 1948, S. 141.
[6] *P. Petersen,* Führungslehre des Unterrichts, Braunschweig [3]1951, S. 165 f.
[7] Quidquid recipitur, per modum recipientis recipitur.
[8] *H.-D. Bastian,* Theologie der Frage, München 1969.

wenigstens geahnte oder noch nicht bewußt gewordene Frage. Daß unser Religionsunterricht zu wenig die laut werdenden und die heimlichen Fragen der Jugendlichen beachtete, statt dessen ein fertiges System ungefragt über sie stülpte, war verhängnisvoll. Was heute not tut, ist ein konstruktiver Unterricht, der bei den Fragen und bei dem heimlichen Sehnen der jungen Menschen ansetzt und sie dann Schritt für Schritt durch die Probleme des Menschen zur Antwort Gottes führt. Daß die moderne Philosophie selbst wieder von der „Sehnsucht nach dem ganz Anderen" zu sprechen weiß und damit wieder die Offenheit des Menschen zur Transzendenz zur Diskussion stellt, ist ein verheißungsvolles Zeichen. Verheißungsvoll auch für die kommende Situation des Religionsunterrichts.

6 Padberg, Entkonfessionalisierung (78 173)

X. MENSCHLICHES DASEIN IM HORIZONT CHRISTLICHEN GLAUBENS

Die bis vor kurzem vertretene Theologie und Religionspädagogik versuchte weithin „Religion“ als menschlichen Versuch, sich Gottes zu bemächtigen, und „christlichen Glauben“ als Tat Gottes und unverdientes Geschenk an den irrenden und fehlenden Menschen zueinander in Gegensatz zu stellen. Daß die religiöse Geschichte der Menschheit mit ihren Irrungen und Wirrungen im Sinne jener Areopagrede, die Lukas dem Paulus in den Mund legt, doch auch eine theologisch relevante Seite haben kann, von Gott und vom Glauben her betrachtet, „Heilsgeschichte“ sein kann, das hat man kaum gesehen. Neuerdings mehren sich jene Stimmen, die den „homo religiosus“, den „homo christianus“ und den „homo ecclesialis“ wieder mehr in einer positiven Relation zueinander sehen. Der Pädagoge *Heinrich Roth* wählt seinen Ansatz, die Erziehungsbedürftigkeit des Menschen auch im Bereich des religiösen Lebens aufzuzeigen, beim „homo religiosus“ und sieht in dieser Aussage „eine Bezeichnung dafür, daß (der Mensch) ein Wesen der Hoffnung und der Angst, der Geburt und des Todes, der Liebe und des Kampfes, der Träume und der Wirklichkeit ist“ ... Der Mensch sieht sich in den Grenzsituationen des Daseins „dem Nichts gegenüber gestellt und auf Glauben verwiesen“. Er empfindet sich als „heils-, verzeihungs- und gnadebedürftiges Wesen“[1]. *Roth* meint, der junge Mensch müsse den Weg der Heilsgeschichte oder der menschlichen Religionsgeschichte, den Weg von der Angst zur Religion der Liebe nochmals durchschreiten. Das Kind könne diesen Menschheitsweg nicht ohne erzieherische Hilfe und Lehre oder Unterricht selber finden, der junge Mensch bedürfe des glaubenden Erziehers, der das Kind aufmuntern müsse, den Glauben zu ergreifen, damit es vom Glauben ergriffen werde[2]. Die Religionspädagogik sollte diese Gesichtspunkte einer anthropologisch tiefer gründenden Pädagogik sehr ernst nehmen und nicht kurzschlüssig von

---

[1] *H. Roth*, Pädagogische Anthropologie I, S. 140 ff.

[2] Ebendort S. 143 f.

einer rein theologischen Fragestellung her sich hochmütig von derartigen Erkenntnissen abwenden.

Die religiöse Frage in einem solch „fundamentalen" Sinn braucht aber keineswegs zeitlich vor und außerhalb eines christlichen Religionsunterrichts ventiliert zu werden. Es kann in seinem Rahmen und in seiner Mitte dieser fundamentale Ansatz zu seinem vollen Recht kommen. Manche Versuche, hier möglichst „welthaft" und „erfahrungsbetont" vorzugehen, leiden an der gleichen Weitschweifigkeit und Umständlichkeit, mit der man in der Epoche der Aufklärung vor bald zweihundert Jahren den „sokratischen Weg" einer „natürlichen" Religionspädagogik durchschreiten wollte. Erst die Begegnung mit dem persönlichen Gott befreit den Menschen zu sich selbst und gewährt ihm jenen Halt, den die moderne Pädagogik sich vom Horizont des Glaubens verspricht. Erst dort, wo Gott als dem Menschen gegenüberstehendes „Du", als liebende und Vergebung schenkende Macht aufleuchtet, weiß sich der junge Mensch geborgen und personal angesprochen. „Gott als Du braucht nicht bewiesen zu werden" (Ferdinand Ebner)[3]. Man hatte in jüngster Zeit die alt- und neutestamentliche Botschaft von Gott fast exclusiv als geschichtsbezogen dargestellt. „Gottes Handeln mit seinem Volk in der Geschichte". So berechtigt diese Sicht auch immer ist, sie darf nicht in totalem Gegensatz zu einer Gotteserfahrung gesehen werden, die in der Natur gewonnen wird oder die der einzelne in seinem ganz persönlichen Leben besitzt. Das eine ist nicht ohne das andere. Die Sprache der Propheten und der Psalmen kennt ebenso wie die Sprache Jesu die Begegnung mit Gott in der Natur wie in der unmittelbaren Begegnung in der Stunde des Gebetes „in der stillen Kammer". Die Naturpsalmen wie die Gleichnisse und Bildreden Jesu sehen den Schöpfer- und Vatergott in und über der Natur walten. Eine Engführung auf die geschichtliche Dimension allein hin verkürzt in bedenklicher Weise die Möglichkeit der Gotteserfahrung im Leben unserer Jugend. Jene Thesen, daß der Mensch heute nur noch sich selbst begegne und im Zeitalter der Technik und des naturwissenschaftlichen Denkens „Gott" absolut fern gerückt sei, halte ich für einseitig und überspitzt. Die Erfahrungen mit Jugendlichen reden anders. Immerhin haben Astronauten im Erleben der Weite des Weltalls zur Bibel gegriffen und uralte Gottes-

---

[3] Daß der „persönliche Gott" theologisch wieder im Gespräch ist, zeigt das Werk von *H. Ott*, Der persönliche Gott, Göttingen 1969.

richts definiert und interpretiert werden? Kann die Polis seine Ziele erfahrungen betend zum Ausdruck gebracht. Auch die biblische Sprachprägung vom Vatergott sollte keineswegs unter dem Eindruck der bekannten Aussage von der „vaterlosen Gesellschaft“ und ihrer religiösen Implikation heute bei Seite geschoben oder ausgelassen werden. Der Diffamierung der religiösen Sprache als „Paternalismus“ muß energisch entgegengearbeitet werden. „Da Gott sich als Vater offenbart hat, bleibt der Kirche nicht nur in ihrer Verkündigung, sondern auch in ihrer institutionellen Repräsentation nichts anderes übrig, als das Vaterbild ständig zu aktivieren, und zwar von zwei Seiten her, von Gott-Vater zum natürlichen Vater und umgekehrt. Das ist selbst in der angeblich „vaterlosen Gesellschaft“ deshalb möglich, weil es sich beim Vater um einen sozial-biologischen Grundbestand oder Archetypus handelt, der zwar reduziert, aber nicht aufgehoben werden kann“[4].

Wo der Mensch sich der Wirklichkeit des lebendigen Gottes, des Vatergottes, öffnet, da macht das nicht unfrei, sondern frei. Denn vor Gott sind alle jene Mächte und Scheingrößen relativiert, die sonst Druck und Terror ausüben. Wo Pilatus, im Vollbewußtsein seiner Macht, dem gefesselten Herrn gegenüber seine Möglichkeiten spielen lassen will, da legt das Johannesevangelium dem Herrn das Wort in den Mund: „Du hättest sie (die Macht) nicht, wenn sie dir nicht gegeben worden wäre!“ Der Ausblick auf Gott als den allein Mächtigen relativiert alle irdische und menschliche Macht als vorläufig und zerbrechlich. „Dieu seule est grand!“ (Predigt in St. Denis nach dem Tode Ludwigs XIV.) Eine Verdünnung der Gottesbotschaft bis hin zu einem „Religionsunterricht post mortem Dei“ ist eine Verdürftigung dieses Unterrichts und endet schließlich in Ineffizienz und Langeweile. Der „homo christianus“ ist untrennbar mit dem Namen Jesu Christi verknüpft. Der „Christenmensch“, der noch in der Aufklärungspastoral, in der dieser zugeordneten Katechese und Predigt eine so große Rolle spielte, war ein Erbe der humanistischen Sicht, die gern die Humanitas dieses Christianus unterstrich und in zahllosen Buchtiteln und Katechismen den „homo christianus“ ansprach und thematisierte. Nur dort ist der Horizont christlichen Glaubens aufgerissen, wo Person und Wort und Werk Jesu Christi im Blick stehen und präsent sind. Die Fülle der Bücher und Kleinschriften, die Jesus neu entdecken oder polemisch anders verstehen und einordnen

[4] *W. Siebel,* Freiheit und Herrschaftsstruktur in der Kirche, Berlin 1971, S. 77, Anm. 54.

möchten, als es die kirchliche Überlieferung festgehalten und immer noch festhält, ist Legion. Dem christologischen Pluralismus in der Theologie und der Menge der „kritischen“ Christusbücher und Jesusdarstellungen entspricht heute die Spiegelung der Gestalt Jesu im Religionsunterricht. Spiegel aber können ein gutes Bild wiedergeben, sie können aber auch verzerren. Gerade hier kann der katholische oder der evangelische Religionsunterricht mit Leichtigkeit „umfunktioniert“ und zu einem Instrument gegenchristlicher Propaganda gemacht werden.

Gleichwohl sollte der Religionsunterricht, und gerade der zum überlieferten Bekenntnis hin geöffnete Religionsunterricht, dankbar dafür sein, daß Jesus wieder im Gespräch ist. Er ist der heimliche Stachel im Fleisch gerade derer, die sich von ihm loszumachen versuchten. Er läßt sie nicht zur Ruhe kommen, so daß sie suchen und suchen, um die Unhaltbarkeit und Fragwürdigkeit des kirchlichen biblischen Jesusbildes zu erweisen. Hier gilt das Wort der unvergessenen *Ida Friederike Görres:* „Der Unglaube macht beredt!“ So hat der Religionsunterricht in zunehmendem Maße wieder eine Aufgabe der kritischen Auseinandersetzung mit dem, was heute in allen Fernsehsendungen, Rundfunkvorträgen und Zeitungsnotizen überall vernehmbar ist, aber auch den Auftrag, das Jesusbild der Bibel und seine Interpretation durch die kirchliche Theologie und Verkündigung verständlich zu machen. Diese Thematik wird in verschiedenen Arbeitsgängen und den Altersstufen gemäß heute besonders intensiv angegangen werden müssen.

Daß jede Zeit einen besonderen Zugang zur Gestalt Jesu hat und ihren ganz spezifischen Aspekt der Botschaft Jesu zu pflegen berechtigt ist, ist selbstverständlich. Daß davon ausgehend auch die jüngst vergangene Sicht Jesu und seine Botschaft immer wieder relativiert werden darf, kann nicht bestritten werden. Immer ist es gerade die Jugend, die ein Gespür für das Neue und bisher weniger Gesagte hat, die aber auch in Gefahr steht, das ihr nun gerade Gemäße und von ihr besonderes Hervorgehobene an der „Sache“ Jesu zu verabsolutieren und damit das Ganze und Bleibende seiner Gestalt und seines Wortes zu übersehen. Im Zuge unserer aufgeklärten „Anthropozentrik“ kann es nicht verwundern, wenn die echt menschlichen Züge der Gestalt des Herrn neu in den Blick treten; wenn man gerade aus dem biblischen Jesusbild jene Urworte, die „ipsissima vox“ Jesu erfahren und seine Urtaten, die „ipsissima facta“ des Herrn aus dem

Überlieferungsstrom und seinen Reaktionen und Interpretationen herausheben möchte. Das Interesse am „historischen Jesus" ist neu erwacht und führt zum Teil dahin, daß die großen Christus-Prädikate in der biblischen und theologischen Vergangenheit abgewertet oder vergessen werden. Und doch sollte der Religionsunterricht ihren tiefen Sinn immer neu ins Licht rücken und der jungen Generation nahe bringen. Hinter dem Prozeß dieser prädikativen Christologie steht nicht nur die Erfahrung der Jünger, die den Herrn gesehen und seiner Auferstehung gewiß wurden, hinter ihnen steht auch die Gebetserfahrung der jungen Kirche, von der der jüngere Plinius in seinem Brief an Kaiser Trajan schreibt, daß sie Christus „quasi Deo" ihre Lieder sängen. Solche Lieder finden sich bereits in den Briefen des Neuen Testamentes.

Bekenntnisformeln und Lieder, die wie I Kor 15, 3—8 und Eph 5, 14 stilistisch und inhaltlich aus dem Rahmen der Briefe heraustreten, sind fraglos älteren Datums und bezeugen den Gemeindeglauben und die Gemeindefrömmigkeit der apostolischen Kirche. Das Christuslied von Phil 2, 5—11, das den Gekreuzigten und Erhöhten als den preist, der „in Gottes Gestalt sein Dasein hatte, aber das Gottgleich-sein nicht ausbeutete, sondern sich entäußerte und Knechtsgestalt annahm", setzt keinen gedanklich-rationalen Sprung vom „historischen" zum „geglaubten" Christus des Kerygmas voraus, sondern reflektiert jene Grunderfahrung des Osterglaubens, der die Mitte der neutestamentlichen Botschaft ist. Einen Schnitt zwischen jener Erfahrung zu machen, die den heilenden und wandernden Jesus erlebte und hörte, und jener, die den Auferweckten sah, geht nicht an. Die Zeugen widersprechen und widerstreben einer solchen Möglichkeit. Paulus, dem man gern die „Kyrios-Theologie" und damit den Anfang einer „hellenistischen" Christologie zuschieben möchte, steht nicht allein. Gewiß gibt es eine plurale Christologie des Neuen Testamentes, wenn wir auf Begrifflichkeit und sprachlichen Ausdruck sehen, aber in dieser Pluralität ist unüberhörbar die Grunderfahrung zu erkennen, die Jesus als den Herrn und Herrscher bekennt. Auch die verhaltene Sprache der Synoptiker stellt Jesus über den Tempel und über die Prophetie; auch sie bezeugt eine Intimität und Unmittelbarkeit zwischen Ihm und dem Vater, wenn sie vom „Sohn" redet. Einen Gegensatz von judaistischer und hellenistischer Christusverkündigung aufzuzeigen und exakt durchzuführen, ist nicht gelungen und wird nicht gelingen. Trotz unterschiedlicher Sprachformen schimmert die gleiche Urerfahrung durch: Er ist den Jüngern nahe gewesen und hat sich als der Auferstandene bezeugt. „Wir haben den Herrn gesehen!" Kritiker und Psychologen suchen verzweifelt nach Parallelen und Einordnungsmöglichkeiten dieser „Widerfahrnisse" und finden sie nicht. Daß man in der Ikonographie später Embleme und Zeichen des Staatskultes wie den Siegeskranz auf Jesus übertrug, hat gar nichts mit einer Übertragung etwa der Apotheose oder des Katasterismus auf die Person Jesu zu tun. In Sendungen des Fernsehens und in religionspädagogischen Handreichungen hat man versucht, diesen Weg zur Erklärung zu gehen. Man kann aber nichts erklären, wo keine Brücke möglich ist. Religionsgeschichtlich sind es eben völlig verschiedene Realitäten. Was da dem Hörer und Leser zugemutet wird, ist primitive Halbbildung und unwissenschaftliche Ineinssetzung novellistischer Mythen, gnostischer Spekulationen und einer völlig anderen Glaubenshaltung der Christen. Wer allen Ernstes die Fruchtbarkeitsriten mit ihren Wiederbelebungsmythen von Halbgöttern wie Attis oder Osiris, die in ihrer novellistischen Gestalt längst als Bilder von Naturvorgängen durchschaut waren oder auch als gnostische „Mysterien" uminterpretiert wurden, als Parallelen zur Auferstehungsbotschaft darstellt, der krankt an jenem Grundfehler der älteren religionsgeschichtlichen Arbeit, die nach dem Urteil von *Richard Reitzenstein* die Ähnlichkeiten zwischen Christentum und Heidentum überbewertete und das Eigentümliche des Christentums zurücktreten ließ oder unterschätzte. Was die Apotheose der römischen Cäsaren betrifft, so war deren offizielle Bestätigung durch den Staat nichts als ein politischer Akt. Eine „politische Theologie" der Spätzeit bemühte Reste östlicher Religiosität und deren politische Ausnutzung im Zeitalter der Diadochen, um eine politische Wirklichkeit religiös aufzugipfeln. Gegen diese Divinisierung der politischen Macht haben die Christen der Frühzeit energisch Einspruch erhoben und die Konsequenzen dieses Einspruchs auf sich genommen. Wer aber ist für den Mythos oder dessen gnostische Umdeutung oder die Apotheose der Cäsaren in den Tod gegangen? Wer hier den Unterschied von wirklichem Mythos und geschichtsbezogenem christlichen Glaubensinhalt nicht sieht, dem ist nicht zu helfen. Es ist erstaunlich, wie leichtfertig moderne Religionspädagogen bei derartig komplizierten Entwicklungen, die ein gründliches Fachstudium verlangen, simplifizieren und „erklären", um den christlichen Osterglauben und das christliche Sakrament zu entschärfen.

Das Christusereignis ist nicht nachträglich „divinisiert“ worden, es sprengt bereits von Anfang an in seiner Auswirkung auf die Jünger und Zeugen unsere sonstigen Erfahrungen und Maßstäbe. Alle sprachlichen Versuche und Bilder, dieses Geschehen und seinen Sinn adäquat einzufangen, sind unzulänglich und können sich dem Eigentlichen höchstens approximativ angleichen, es aber nicht erschöpfend darstellen und wiedergeben. Psychologie, Soziologie und Geschichtswissenschaft sollten hier ehrlicherweise ihre Grenzen eingestehen und schweigen, anstatt krampfhaft nach „Erklärungen“ zu suchen, die nichts besagen.

Die ekklesiale Wirklichkeit steht und fällt mit dem Neuen und Anderen dieser Realität. Darum wird religionspädagogische und unterrichtliche Arbeit niemals auf den Bezug zur Kirche verzichten können. Was soll es, wenn man meint, rein wissenschaftlich „Religion“ verstehen oder gar interpretieren zu können? Religion als Überstieg menschlicher Begrenzung und Öffnung zum Ewigen kann mit natur- oder geschichtswissenschaftlichen Methoden nur vordergründig beschrieben werden. Als befreiende und erhebende Wirklichkeit kann Religion nur aus dem glaubensbezogenen Ansatz theologischer Wissenschaft dargestellt und begründet werden. Die Dimension des Glaubens kann propädeutisch angegangen werden, ihre Erschließung aber erfordert eine Sicht und Methodik, die der „Theologie“ als Glaubenswissenschaft eigen ist. Gerade der Bezug auf die ekklesiale Wirklichkeit und Erfahrung macht die Eigenart der Theologie aus. Konsequent klammert eine rein „religionswissenschaftliche“ Betrachtung und Methodik bei ihrem Versuch, religiöse Vorstellungen und Phänomene zu beschreiben und zu erklären, diesen grundlegenden Lebensbezug zur Kirche mit Vorliebe aus. Kirche aber ist keine selbständige Größe, die das Recht hätte sich selbst zu bespiegeln. Sie ist von ihrem Grundwesen her als „he kyriake“ auf den Herrn bezogen und hat ihn zu künden und zu ihm hinzuführen. Eine rein soziologische Betrachtung des Phänomens Kirche kann immer nur das anderen Gruppen und Organisationen Entsprechende und ihnen Ähnliche an diesem Phänomen in den Blick bekommen und bearbeiten. Das Zentrale und Eigentliche tritt eo ipso bei einer rein psychologischen oder soziologischen Betrachtungsweise zurück. So wichtig gruppendynamische Prozesse und Führungsmethoden auch immer sein mögen, das Eigentliche der Glaubensvertiefung und -verlebendigung kann durch sie nicht erfolgen. „Überzeugung“ vollzieht sich durch Zeugenschaft im Vollsinne. Eine Religionspädagogik, die mit dem theologischen Ansatz und mit dem grundsätzlichen Verzicht auf Zeugenschaft ihr Geschäft, dem Glauben zu dienen aufgibt, wird die Krise des Religionsunterrichts nicht beheben können.

Ein noch so geschickt ausgebreitetes Panorama religiöser Phänomene — vom Aberglauben und von der Magie bis zu den Großreligionen hin — führt höchstens zu einem religionsgeschichtlichen Tourismus, der Neues und Anderes staunend und flüchtig ansieht. Sein bildender Wert muß mit Fug und Recht bezweifelt werden, denn eine Verarbeitung des Gesehenen oder zur Kenntnis Genommenen verlangt ein Einfühlungsvermögen und einen Einstieg, zu dem weder Zeit noch Kraft einer schulischen Unterweisung reichen. Der kritische Ansatz religionswissenschaftlicher Sonden bringt andererseits auch der eigenen Glaubenswelt gegenüber eine Distanz ein, die ihr Verstehen mehr verhindert als erleichtert. Es zeigt sich hinreichend, daß der gewollt emanzipatorische und kritische Versuch, gegenüber der Kirche, ihrer Erscheinung, ihrem Glauben und Leben, sich abzusetzen und mit der Sonde der Analyse Lebendiges auseinanderzunehmen, gar nicht jene Hilfe einbringt, die Religion als Stabilisierungsfaktor haben könnte und sollte. Soll aber Religion und christlicher Glaube diese befreiende und stabilisierende Funktion wirklich erfüllen, dann genügt eine rein „religionswissenschaftliche“ Arbeit nicht. Dann bedarf es der wertenden und Werte erschließenden Theologie. Hier liegt der entscheidende Einwand gegen eine Ersetzung der glaubensbezogenen und glaubenserschließenden Religionspädagogik durch eine andere „rein wissenschaftlich“, sprich: mit natur- oder geschichtswissenschaftlicher Methodik arbeitende Religionspädagogik. Mit dem Verzicht auf den Dienst am Glauben und den Grundbezug auf die Kirche als Glaubensgemeinschaft wird man auch den Religionsunterricht auf die Dauer nicht halten können. Ein Fach, das jene befreiende und stabilisierende Funktion von Anfang an ausschließt, hat keine Zukunft. Menschliche Daseinsdeutung und Daseinserschließung kann nicht durch eine bunte Durchschau unterschiedlicher Glaubensvorstellungen und religiöser Phänomene erzielt werden. Hier muß die Kraft einer, und zwar die im Kontext ekklesialer Beziehung erfahrbare Kraft der eigenen Glaubenswelt erschlossen, begründet und verlebendigt werden.

Der Horizont christlicher Glaubenswelt, die in und mit der Kirche erfahrbare Wirklichkeit Jesu, seine befreiende und ermutigende

Gestalt, seine beglückende Botschaft und sein Anspruch — selbstverständlich in Auseinandersetzung mit der jeweiligen Umwelt und ihren Fragen und Problemen — wird die Mitte auch des künftigen Religionsunterrichts sein müssen. Der Brückenschlag zu allen, die auf dem Wege zu ihm sind oder an ihn glauben, muß dabei viel stärker als es sonst üblich war, geschlagen werden. Aber ein Religionsunterricht, der auf diese Mitte verzichtet und damit eine falsche Entkonfessionalisierung anstrebt, wäre sinnlos und wirkungslos.

Erst am Horizont lebendigen, vom Lehrenden und von der Kirche bezeugten Glaubens kann schulischer Religionsunterricht fruchtbar werden. Seine Verdürftigung zu einer bloßen „Theorie" war immer und bleibt auch in Zukunft eine wirkungslose und langweilige Angelegenheit. Ein junges Mädchen, befragt nach ihren Erfahrungen in der Berufsschule, meinte, die schönste Stunde ist der Religionsunterricht, weil da wirklich unsere Fragen und Probleme zu Wort kommen und gelöst werden. Der Religionslehrer war ein spätberufener Priester, der im praktischen Leben gestanden hatte und die jungen Menschen nicht nur verstand und ansprach, sondern von seiner eigenen Existenz und Glaubenserfahrung her ihnen überzeugende Antworten zu geben verstand. Warum soll das heute oder morgen nicht auch noch möglich sein? Die Jugend sucht immer nach dem Sinn des Lebens. Und da sollten wir sie mit Steinen statt mit echter Nahrung abspeisen?

LITERATURHINWEISE:

F. Achtenhagen u. *H. Meyer,* Curriculumrevision — Möglichkeiten und Grenzen, München 1971.

H. Barion, Bekenntnismäßig nicht gebundener Unterricht in Biblischer Geschichte auf allgemein christlicher Grundlage, in: Religion und Religionen (Gustav-Mensching-Festschrift), Bonn 1967, 227—244.

H. D. Bastian, Theologie der Frage, München 1969.

G. Baudler, Der Religionsunterricht an der deutschen Schule, München 1971
— Zum theologischen Selbstverständnis des Religionsunterrichts; in: Kat. Bl. 95 (1970) 535—548.

H. J. Becker, Zur Rechtsproblematik des Reichskonkordats, München 1956.

W. Birnbaum, Theologische Wandlungen von Schleiermacher bis Karl Barth, Tübingen 1963.

E. Bloch, Th. Ellwein, Fr. Hahn, Bildung und Konfessionalität, Bonn 1967.

H. Bokelmann, Pädagogik: Erziehung, Erziehungswissenschaft; in: Handbuch Pädagogischer Grundbegriffe II, München 1970, 178—267.

W. Braun, Geschlechtliche Erziehung im katholischen Religionsunterricht, Trier 1970.

Th. Ellwein, Klerikalismus in der deutschen Politik, München 1955.

W. G. Esser, Zum Religionsunterricht morgen, München-Wuppertal I 1970; II 1971; III 1972.

A. Exeler, Religionsunterricht als Deutung des Daseins; in: Kat. Bl. 95 (1970) 705—715.

E. Friesenhahn, Religionsunterricht und Verfassung; in: Essener Gespräche zum Thema Staat und Kirche 5, Münster 1971, 67—88.

H. Gloy, Evangelischer Religionsunterricht in einer säkularisierten Gesellschaft, Göttingen 1969.

H. Halbfas, Aufklärung und Widerstand, Düsseldorf 1971.

O. *Hammelsbeck,* Konfessionalität in Erziehung und Schule; in: Glaube, Welt, Erziehung, Mühlheim 1954.

N. Havers, Der Religionsunterricht — Analyse eines unbeliebten Fachs, München 1972.

H. Heinemann, G. Stachel, S. Vierzig, Lernziele und Religionsunterricht, Zürich-Köln 1971.

H. E. Hengstenberg, Philosophie und Erziehungswissenschaft im Studium der Volksschullehrer; in: Vierteljahrsschrift für wiss. Pädagogik 33 (1957) 77—99.

— Philosophische Anthropologie, Stuttgart 1957.

H. von Hentig, Systemzwang und Selbstbestimmung. Über die Bedingungen der Gesamtschule in der Industriegesellschaft, Stuttgart [3]1970.

I. Illich, Schulen helfen nicht, Hamburg 1972.

F. Jüngel, K. Rahner, M. Seitz, Die Praktische Theologie zwischen Wissenschaft und Praxis, München 1968.

J. Kahl, Das Elend des Christentums oder Plädoyer für eine Humanität ohne Gott, Hamburg 1968.

Th. Kampmann, Jugendkunde und Jugendführung, München I 1966; II 1970.

H. B. Kaufmann, Streit um die Christlichkeit der Schule, Gütersloh 1970.

P. Lengsfeld, Konfession und Wahrheit; in: Diakonia (Hermann-Volk-Festschrift), Mainz 1968.

W. Loch, Die Verleugnung des Kindes in der evangelischen Pädagogik, Essen 1964.

R. Lochner, Deutsche Erziehungswissenschaft, Meisenheim 1963.

J. Lortz, Kirchengeschichtsunterricht und „Una Sancta" (Lorenz-Jaeger-Festschrift), Paderborn 1962, 437—450.

C. Menze, Erziehungswissenschaft und Erziehungslehre; in: Festgabe für Döpp-Vorwald, Pd. Bl., Ratingen 1967, 303—332.

K. E. Nipkow, Grundfragen des Religionsunterrichts in der Gegenwart, Heidelberg 1969.

— Schule und Religionsunterricht im Wandel, Heidelberg-Düsseldorf 1971.

K. Onasch, Opium der Schüler oder Wahlfach der Avantgarde, Wuppertal 1970.

R. Padberg, Erziehungslehre I (katholisch); in: Handbuch Pädagogischer Grundbegriffe, München I 425—437.

— Religionsunterricht und Glaube; in: Pastoralblatt für die Diözesen Aachen, Berlin, Essen, Köln, Osnabrück 24 (1972) 372—376.

E. Paul, Das Ende einer theorielosen Religionspädagogik; in: G. Stachel, W. Esser, Was ist Religionspädagogik? Zürich-Köln 1971.

S. B. Robinsohn, Bildungsreform als Revision des Curriculum, Neuwied ³1971.

H. Roth, Pädagogische Anthropologie, Hannover I ²1968; II 1971.

K. H. Schäfer, K. Schaller, Kritische Erziehungswissenschaft und kommunikative Didaktik, Heidelberg 1971.

K. Schaller, Studien zur systematischen Pädagogik, Heidelberg ²1969.

H. Schilling, Religion in der Schule, München 1972.

H. Schilling, F. Kopp, Religionsunterricht zwischen gestern und morgen, Donauwörth 1972.

J. Schlüter, P. W. Scheele, T. Maunz, Religionsunterricht konfessionell? Salzkotten 1972.

M. Stallmann, Evangelischer Religionsunterricht, Düsseldorf 1968.

G. Szczesny, Die Zukunft des Unglaubens, München 1960.

W. Siebel, Freiheit und Herrschaftsstruktur in der Kirche, Berlin 1971.

J. Speck, Probleme der Curriculum-Forschung, Münster 1967.

G. Stachel, Das Was und Wie religiöser Erziehung; in: Was ist Religionspädagogik, Zürich-Köln 1971, 64—89.

W. Sturm, Religionsunterricht gestern — heute — morgen, Stuttgart 1971.

K. Wegenast, Curriculumtheorie und Religionsunterricht, Gütersloh 1972.
— Glaube, Schule, Wirklichkeit, Gütersloh 1970.
— Religionsunterricht — wohin?, Gütersloh 1971.

Th. Wilhelm, Theorie der Schule, Stuttgart 1967.

E. Witzsche, Kritischer Religionsunterricht in der dialogischen Schule, Frankfurt 1971.

D. Zillessen, Religionsunterricht und Gesellschaft. Plädoyer für die Freiheit, Düsseldorf-Göttingen 1970.

PERSONENREGISTER